企业数字化转型与智能财务实践系列

U0745713

INTELLIGENT
MANAGEMENT ACCOUNTANT

智能管理会计

全面赋能业财融合的实战指南

韩向东 主编

人民邮电出版社
北京

图书在版编目（CIP）数据

智能管理会计：全面赋能业财融合的实战指南 / 韩向东主编. -- 北京：人民邮电出版社，2021.12
ISBN 978-7-115-56672-0

Ⅰ. ①智… Ⅱ. ①韩… Ⅲ. ①管理会计—会计信息—财务管理系统 Ⅳ. ①F234.3-39

中国版本图书馆CIP数据核字(2021)第114263号

内 容 提 要

　　本书分别从应用和技术两个方面阐释了数字化时代管理会计的应用创新。在应用领域上，本书内容涵盖了战略管理、预算管理、成本管理、绩效管理、管理会计报告、投融资管理、营运管理、风险管理等在新技术影响下的应用方法变迁；在技术方面，阐释了大数据和商业智能等新技术，并提出用中台架构重构企业 IT 系统，实现更快速、更有效的数据采集和治理，数据存储和计算，数据分析、挖掘和数据可视化。

　　本书内容充实、案例丰富，适合对智能管理会计和财务数字化转型感兴趣的读者阅读和使用。

◆ 主　　编　韩向东
　　责任编辑　刘晓莹
　　责任印制　彭志环

◆ 人民邮电出版社出版发行　　北京市丰台区成寿寺路 11 号
　　邮编　100164　电子邮件　315@ptpress.com.cn
　　网址　https://www.ptpress.com.cn
　　涿州市般润文化传播有限公司印刷

◆ 开本：700×1000　1/16
　　印张：15.25　　　　　　　　　2021 年 12 月第 1 版
　　字数：234 千字　　　　　　　2024 年 11 月河北第 11 次印刷

定价：69.80 元

读者服务热线：(010)81055296　印装质量热线：(010)81055316
反盗版热线：(010)81055315
广告经营许可证：京东市监广登字 20170147 号

本书编著人员

韩向东　郝宇晓　徐国伟
卢　闯　余红燕

丛书序

经济的发展、竞争的加剧以及技术的进步，给传统商业模式带来巨大的冲击。层出不穷的商业模式和信息技术对企业财务模式及信息系统建设提出了新的要求。最近几年，我们深刻感受到，财务领域正站在向数字化转型的巨大变革转折点上。我们更加深刻地体会到，以"大智移云物"和区块链为代表的新一代信息技术对财务领域的冲击和挑战。

一方面，随着线上与线下融合的新思想在企业运营中被广泛采用，传统的以事后处理为核心的财务模式因无法快速响应前端的管理需求而面临变革。企业需要实现对更广泛的业务（从记账、算账到报账、采购、税务等）的数字化处理，以适应前端的业务发展需求。

另一方面，在社会发展和技术进步的推动下，经济波动的周期越来越短，企业经营变得越来越复杂和充满不确定性。同时，信息技术不断升级，信息、数据的产生和处理速度日益加快，使企业有能力对海量的财务数据和非财务数据进行收集、加工、分析和报告，同时也使企业可以获得更精细的数据、更实时的分析报告、更快的预测速度和更强的计算能力。传统的财务思维和技术已经无法满足企业的需求，企业需要不断引入新的思维和技术来应对这些挑战。

为此，笔者基于多年的财务专业积淀、技术研发经验和实践案例积累，组织编撰了"企业数字化转型与智能财务实践系列"丛书。本套丛书聚焦于新一代信息技术在财务领域的融合和应用，基于对财务核算和财务管理工作的创新与发展，全面探寻企业在数字化时代以数据赋能业务发展，实现数字化运营的行动路径。

笔者认为，实现数字化运营的核心有 3 点：用智能技术引领数字化运营、用业财税智能共享平台实现数字化运营、用中台思维建构数字化平台。

1. 用智能技术引领数字化运营

数字化运营涵盖信息系统自动化、智能化、在线化、实时化和业务流程的数字化等方面的要求。智能技术无疑是使数字化运营得以全面实现的基础技术和前提条件。

智能技术正被应用到财务工作的很多领域中，如应用财务机器人实现流程自动化，应用语音识别进行人机对话，应用图像识别进行发票审核，应用规则引擎进行管控决策。此外，还可以运用人工智能来洞察业务背后的规则。在不同环节中，人的手、眼、耳、脑的功能都会被相应的人工智能技术替代。

总体来看，帮助企业实现数字化转型的智能技术主要有 3 类：自然语言识别、机器学习和知识图谱。应用自然语言识别能带来更便捷的交互；引入机器学习、深度学习进行数据的自动分析，实现让数据自己"说话"；应用知识图谱进行知识的沉淀与积累，实现操作流程的自动化以及企业知识的沉淀。此外，机器人流程自动化（Robotic Process Automation，RPA）尽管严格来讲不属于智能技术，但它作为一种基于人类预设规则模仿人类行为的软件，被视为人工智能的前身，也是数字化时代企业实现会计处理自动化的重要技术工具。我们正在打造的财务机器人、业财税智能共享平台和智能管理会计平台就是这些技术在 IT 系统中的具体应用。

应用自然语言识别，系统具备了感知并认知自然语言的能力。用户可以通过自然语言给财务软件发出指令，让财务软件根据指令搜索并用语音回答用户，甚至用户能够用自然语言与之进行对话。当前，借助智能语言识别技术，实现用自然语音生成表格、用自然语音生成数据图表、智能提示、智能纠错的人机交互应用已经被嵌入元年科技业财税智能共享平台中。

应用机器学习技术，系统可以基于对业务知识的理解，进行科学预测、合理控制、智能分析，真正成为管理人员和财务人员的智能助手。同时，将机器学习与自然语言识别、知识图谱、图像识别等前沿的人工智能技术结合，还可以帮助企业实现商业智能（Business Intelligence，BI）的升级，实现自助式数据分析（自助 BI），将之移动化、协同化，打造更易交互、更智能的新一代智能管理会计系统。

应用知识图谱技术，系统可以实现智能记账、全盘处理会计账务信息。例如，通过在业财税智能共享平台的税务共享系统上嵌入基于人工智能（Artificial Intelligence，AI）技术的智税图谱，系统可以自动检索与税务相关的政策法规，并与用户进行智能问答。

RPA在财务领域的具体应用就是财务机器人。财务机器人可以替代人类，自动化地完成结构化、规则导向、可重复的财务工作，从而大幅提升财务人员的工作效率，并将大量财务人员从烦琐的财务工作中解放出来。由于财务机器人可以取代人工，完成低附加值的工作，高效完成重复性高并有逻辑性的工作，所以RPA技术已成为新一代智能共享系统中重要的技术支撑，可以挖掘70%～90%的财务共享流程自动化潜力，将财务人员的工作效率提高1～3倍。

2. 用业财税智能共享平台实现数字化运营

数字化运营的核心和关键就是实现业务的数字化，而实现业务数字化的前提则是实现对所有业务流程的在线化和显性化，不仅要把前端销售、物流线上化，而且要把后端的财务、采购、内部资源配置与前端的新型商业模式进行匹配。技术与业务结合越来越紧密和业务越来越依赖技术，是实现企业向数字化平台转型的必然趋势。

数字化运营实现的过程，可分为对外、对内两条线：对外记录所有交易过程，对内打通所有业务。然后通过一个统一的平台将整个业务串联起来，打通内外，实现互联互通。这个统一的平台就是业财税智能共享平台。

业财税智能共享平台是传统财务共享在"互联网＋"时代的革命性换代产物，其本质是基于新一代的信息技术，实现对企业更广泛的业务（从记账、算账到报账、采购、税务等）的数字化处理，并对企业的财务体系、业务流程、商业模式进行颠覆和升级。业财税智能共享平台包括4个部分：财务共享、采购共享、商旅共享和税务共享。通过财务共享，企业可实现财务部门与内部各分公司、子公司各部门的连接，进而实现所有交易的透明化、在线化处理；通过采购共享，企业可实现财务部门与内外部供应商、客户之间的连接，进而实现采购的互联网化，达到"一点结算、一点支付、一点核算"；通过商旅共享，企业可打通并接入众多商旅平台及供应商，实现在线申请、在线下单、系统自动执行预算、完成采购、统一结算；通过税务共享，企业可实现与税务机关之间的连接，进而实现税务信息的大集中，达到"一点开票、一点算税、一点看税"。

基于业财税智能共享平台，企业得以回归以交易管理为核心的企业运营本质。一方面，向前打通财务和交易，企业利用互联网开放和连接的功能，共享与合作伙伴、客户、供应商的交易数据；另一方面，向后支撑管理，企业业务流程的主线支撑管理会计信息，管理会计信息基于交易数据实时产生。

3. 用中台思维建构数字化平台

短短1年间，"数据中台"这一新概念以雷霆之势迅速渗透到整个企业界，甚至已达到"无企业不谈中台"的境地。笔者在一次调研中发现，有80%以上的企业已经在建设或在规划建设数据中台，这也从一个侧面反映了数据中台的普及程度。

在传统的信息化架构下，企业资源计划（Enterprise Resource Planning，ERP）系统、客户关系管理（Customer Relationship Management，CRM）系统、供应商关系管理（Supplier Relationship Management，SRM）系统、人力资源（Human Resource，HR）系统等在应用中呈现烟囱式的架构。这些系统彼此独立，每一个系统都有一整套完整的结构，既形成了大量数据孤岛，又造成了大量的资源浪费和数据损耗。数据中台则打破了这种烟囱式的信息化架构，通过在前台、后台之间增加一层系统，使新一代企业信息化架构从一系列套装软件系统的形式变为各种服务支撑下的一系列前端应用系统。这不仅将彻底解决企业的信息孤岛问题，提升数据采集和数据转换的效率与质量，还将基于中台"共享"和"复用"的特点，根除重复建设企业信息化系统的现象，为数据存储和数据管理带来便利。

具体而言，建设数据中台的目的是用数据赋能业务，打通底层数据，使数据得以共享，最终形成数据建模平台。数据建模平台可分为数据收集层、数据存储计算层和业务应用层。在数据收集层，企业将来自ERP、SRM等各个信息化系统中的业务数据、财务数据等结构化和非结构化数据直接汇入数据池中，实现统一、集中的数据收集；在数据存储计算层，企业通过数据建模，形成服务化的数据应用；在业务应用层，企业通过将数据融入具体的业务经营场景中，基于丰富的数据模型开展场景化应用，并以多样化的形式展现数据分析应用的结果，让数据赋能企业的业务发展。

数据中台应用了一系列的新技术，包括内存多维数据库、分布式计算、数据可视化、智能数据分析和机器学习等。内存多维数据库实现了提高数据时效性的革命性突破，分布式计算大大提升了数据计算的速度，数据可视化大大降低了决策的难度，智能数据分析让数据的价值被更充分地挖掘，机器学习令系统具备了自主分析的能力。这些新技术全部叠加起来，使新一代数据化平台拥有了更强的计算能力、更快的预测速度、更直观的决策支持信息和更加自动化的分析能力。

在具体应用上，智能管理会计平台是利用数据中台思维构建的智能共享平台之一。该平台将传统的管理会计与更加场景化、实时化的互联网大数据分析融合，并基于对新一代信息技术的深入挖掘和应用，对数据进行采集治理、存储计算和分析挖掘，形成有针对性的数据服务。

本套丛书的内容紧密围绕以上实现数字化运营的三大核心内容进行拓展，分别就新一代信息系统对智能技术的应用，以业财税一体化为核心的智能共享平台的构建和以中台思维为核心的智能管理会计平台的构建等问题进行详细的理论阐释和案例分析，希望借此为我国企业财务转型和数字化运营的探索之路带来有益的启发和切实的帮助。

由于编者水平有限，书中难免存在欠妥之处，恳请各位专家和广大读者批评指正。我们也希望本套丛书能抛砖引玉，引发大家对我国企业数字化转型之路的思考和探索，并以此推动和加速我国企业的数字化转型。

韩向东

北京元年科技股份有限公司总裁

拥抱智能管理会计应用创新

智能技术发展到今天，已经开始跨越商业化鸿沟，从实验室走进生产车间和写字楼。党的十九大报告提出，"推动互联网、大数据、人工智能和实体经济深度融合"，也正是在强调需更进一步推动人工智能应用落地。现在，我们在管理会计的范畴内谈论人工智能，自然也应更多地将关注点放在智能技术与管理会计的融合应用上。

相较于管理会计在信息化阶段更注重用财务和业务活动的信息流来提升工作效率，智能化阶段的管理会计则更注重实现深度的业财融合，赋能业务发展。人工智能能够在多个方面支持管理会计应用，如应用自然语言处理等技术实现智能交互；应用 WHAT-IF 分析和模拟等技术实现多版本、多角色的模拟情景经营推演；应用数据挖掘、机器视觉、语音识别等技术进行智能预警和风险监控；应用知识图谱、推荐引擎等技术开展智能推荐；基于数据挖掘、机器学习等技术实现财务预测；应用知识图谱、数据挖掘、推荐引擎等技术，实现自动化的经营分析和决策等等。

具体到企业业务中，以上所提到的这些人工智能领域技术，结合大数据、云计算、移动互联、物联网等新一代信息技术，正在给管理会计带来一系列的应用延伸。正如本书中分散于各个章节的丰富案例，从多个领域向我们展现了智能管理会计的一系列场景化应用。有几个场景令我印象尤为深刻。

场景一：企业可以在产销管理中开展智能供应链预测决策管理，基于多维度内存计算和大数据平台，企业可重构预测和分析能力，构建全局供应链计划体系，快速制定可行的分销计划，并主动管控供应链风险；通过应用 AI 大数据技术以及各种优化算法，企业可实现自动补货、自动配货、自动调拨，系统可模拟计算出不同情况下的最优处理方式。

场景二：通过在管理平台上构建一个智能化绩效管理模块，企业可开展对销售人员绩效的场景化管理，具体内容包括目标多维度分解、过程分析、佣金计算和模型修改、佣金规则推演。企业不仅可以基于自动处理流程更好地控制销售佣金的发放，从而提高效率，减少错误并获得实时的结果；还能不断修正模型和实施新的佣金政策，以适应不断变化的业务需求。

场景三：依托内存多维计算、大数据等技术，企业能够对自身家底进行细致分析，清楚获知战略缺口，搭建战略测算模型对战略缺口进行测算和预估，实现快速的战略模拟，并输出会计利润、毛利润、现金流量等指标；将战略目标分解细化为具体、可执行的动作。

场景四：在房地产企业拿地决策中应用投前测算模型，能够针对拟拿地项目进行全周期规划，测算项目的现金流和盈利指标，包括项目规划经济技术指标、项目开发计划、销售与回款计划、成本计划、支付计划、融资计划、税金预测、项目损益和项目现金流量等业务财务计划，来辅助集团判断投资项目的可行性。具体来说，基于企业对新项目基本概况的了解以及运营部门对项目的初步规划、推进节奏等，充分考虑项目成本、融资渠道、销售进度等因素的不同情况，基于用户角色的不同，进行多版本、多情景的敏感分析，自动生成项目层面和股东层面的多版本利润测算表和现金流量测算表，为管理层提供是否拿地以及怎样开发的快速决策支持，并支持拿地前后的项目指标过程跟踪。

场景五：依托大数据技术，金融机构可以更广泛地获取与客户相关的社会化数据，从而更及时、准确地评价客户信用；同时，基于分布式计算、智能数据分析、数据可视化、决策树分类技术、逻辑回归、机器学习等多项智能技术，金融机构可建立多视角、全方位的客户信用评价模型，从而实时、准确地做出贷款决策，并执行高效的贷后管理。智能技术在信贷风控中的场景化应用不仅能够大大提升金融机构的信贷审批和放款效率，而且能够有效降低金融机构的信贷逾期和违约风险。

　　类似这样的应用场景在书中还有很多。而其中的每一个，我相信都正在或将要在越来越多的企业中落地，为它们的健康成长和财富增长保驾护航。企业越多地了解这些，在开展管理会计应用时的思路就越广阔。并且，更多企业了解这些，也将促使我国对智能管理会计有更积极的探索和实践。

　　诚然，智能技术与管理会计的融合仍在并且还将持续产生创新，而本书为我们所展现的应用场景或许也将在未来经历新的更迭。未来的应用必然会极大地超越本书所提及的领域，产生出更立体、更丰富的应用场景。但站在本书出版前后这个时间点上，我们仍可以通过这本书中提到的这些有限的应用创新，更清晰地看到管理会计的发展方向以及未来拥有的无限潜能。

——中信泰富有限公司首席财务官、泰富中投副董事长兼总裁

费怡平

从数据中台到数据赋能

过去 20 年，以 ERP 为核心的信息化应用大幅提升了企业管理的效率和效益。但随着时代的变迁，世界变得越来越复杂和充满不确定性。管理会计作为企业应对不确定性的利器，不仅需要具备更加敏捷响应前端业务变化的能力，具备能够实时获取第一手的、充分的业务信息并及时捕捉到变化中的管理需求的能力；而且能够具备消除数据壁垒，实现全方位、全过程、全领域的数据实时流动与共享的能力；最终帮助管理者在众多的不确定性中做出及时、正确的管理决策。然而，以 ERP 为核心的企业传统信息化体系已日益无法满足企业的管理需求。

从本质上来说，传统财务是准则导向、披露导向，不是业务导向、管理导向，ERP 系统主要为流程操作服务，带来两个问题。

一是财务信息客观但未必真实。财务记账以发票内容为主体，但发票无法反映业务的本质。财务数据与业务实质脱离。这些都导致 ERP 财务信息失真，口径无法满足管理需求。

二是财务信息为单一化的货币计量信息，而非企业综合性的全面经济信息。货币计量的信息固然具有一定的综合性，但非货币性信息对管理往往至关重要。财务信息支撑体系存在的这些问题，使得财务信息片面、失真、难以满足业务管理的需求。同时，在传统的企业信息化体系中，ERP 等一系列专业套装软件系统以烟囱式的架构彼此独立，造成了大量信息孤岛。大量财务数据和业务数据重复、凌乱地散落于企业的各类信息系统平台中，使数据采集和数据转换成为难题。

基于新一代信息技术，一种全新的信息化架构能够实现所有点状的、分散的专业应用的线上化和数据互联互通化。这就是以数据中台为基础的新一代企业信息化架构。它在前后台之间增加了一层系统（即数据中台），将企业信息化架构由不同平台下分散的烟囱式系统集群变革为部署在同一平台下基于服务的应用系统集群。这不仅可以有效解决企业的信息孤岛和系统重复建设问题，有力提升数据存储、数据采集、数据转换和数据管理的效率和质量，而且可以基于对多源数据的打通和汇聚，实现数据资产化和内外部数据的整合，将其实时动态地共享和复用给前端应用系统，以满足不断变化的业务前端对后端管理提出的各项需求。

管理会计的本质是通过采集数据建立分析模型、发现运营决策的问题，并调整策略、制定计划改善运营。面对瞬息万变的市场环境，数据中台将给管理会计应对不确定性插上翅膀。与此同时，管理会计亦为数据中台的生发成长提供了丰富的应用场景。

管理会计"用数据说话、用量化管理"，数据是管理会计发挥职能的重要支撑。因此，管理会计信息建设首先要解决数据来源和数据质量的问题，其次要通过数据挖掘价值。数据中台从三个层面促进未来管理会计的发展。

第一层是数据治理。它是数据中台的基础层，企业数据中台建设面临底层数据基础差、数据口径不统一等问题，需要首先对数据进行治理。同时数据治理把数据更实时、更动态地从各系统汇集起来，便于应对管理会计不确定性挑战。

第二层是数据中台核心层。数据中台核心是打通各个领域的数据，包括财务数据、业务数据、内部数据、外部数据、结构化数据和非结构化数据等，形成统一的数据平台，把数据变成知识、洞见。

第三层是赋能。数据本身也是业务，它从业务中来，也要能赋能业务。这是数据中台应用层核心要解决的问题。当前，智能技术和大数据技术的快速发展为数据应用提供了巨大帮助。而基于这些新一代信息技术构建的管理会计的各大系统，包括预算管理、成本管理、绩效管理、管理会计报告等系统，以及各类数据分析系统，包括场景化分析、财务分析、业务分析等系统，基于数据中台的数据集和数据模型开展业务应用，使数据赋能有了更大的发展空间。

　　在一个典型的中台架构中，最下面通常是数据源，包括各种产生数据的系统。中间是数据中台，它是数据的加工厂，数据从数据源被接入到存储层，再经过计算层进入数据仓库。最上面是各种数据应用，包括管理会计的预算、合并、成本，面向业务运营的销售、定价测算等，还有数据挖掘的各种应用，它们是数据的消费者。

　　本书所阐释的核心内容，正是上述中台化管理会计系统在智能技术加持下的一系列数据赋能应用。传统的管理会计业务与更业务化、场景化、实时化的数据分析怎样通过数据中台融合在一起？新一代信息技术如何在新一代管理会计系统中落地应用？相信每个人都能在通读本书后找到自己的答案。

　　　　　　　　　　　　　　　　　　——通威股份有限公司 CIO　周勇

前言

经历了 2020 年的新冠疫情，任何有远见的企业家都不可能对数字化转型无动于衷。疫情大大加快了全球企业的数字化进程。在不稳定、不确定、复杂、模糊的市场环境新常态下，数字化成为所有企业的刚需。在这一过程中，管理会计也正在迎来一场全新的变革。

管理会计的发展离不开与信息技术的融合。信息化是支持管理会计理念与方法落地，支撑管理会计功能发挥和价值实现的重要手段和推动力量。将信息技术应用到管理会计领域，可以有效突破传统管理会计在时间空间上的限制，深入挖掘企业各个流程的相关数据，实现信息的实时传递与分析，提高计算的准确度，提升管理会计信息的及时性和有效性。

在数字化时代，一方面，企业面对的市场环境日益复杂多变，企业所掌握的数据量也越来越大、越来越复杂，企业对信息和数据的要求更加精细、实时、多维度，而传统的管理会计系统已无法应对这些更高的需求；另一方面，以"大智移云物"为代表的新一代信息技术发展迅速，在各个领域展开了应用之路。在管理会计领域，与新技术相融合的智能管理会计极大地拓展了数据应用的可能性，使企业能够高效而深入地开展数字化的规划、控制、决策、评价，充分应对市场中的各种不确定性。

智能管理会计具有如下五大特点。

第一，基础数据标准化

新一代信息技术的发展和应用使数据治理方式获得了极大扩展，数据治理的效率也得到了显著提升。基于强大的数据治理技术，管理会计系统可以在确保数据安全的前提下，对来自不同应用系统的结构化、半结构化、非结构化数据的数据标准进行实时、动态梳理，开展主数据、元数据、数据质量管理，提高各类数据的质量，使大量隐没在数据坟墓中杂乱无章的数据转变为清晰有序、有条理、有脉络的数据资产，赋能前端应用，并使前端应用产生的新数据再次进入到整个数据全生命周期中。基于高效的数据治理体系，管理会计将更加依赖内外部的高质量数据开展工作，更好地赋能企业经营管控和业务决策。

第二，系统架构中台化

在传统的企业信息化架构下，管理会计系统与企业其他系统都是相互独立的，各个系统之间的连接性不高，呈现烟囱式的架构，既不利于数据传递和共享，也不利于管理效率提升。

基于对中台思维的引入，智能管理会计在系统架构上通过在前后台之间增加一层系统（即数据中台），将企业信息化架构由不同平台下分散的烟囱式系统集群变革为部署在同一平台下基于服务的应用系统集群，不仅可以令管理会计具备更敏捷的响应能力，以满足不断变化的业务前端对后端管理提出的各项需求；还能打通和汇聚多源数据，实现数据资产化和内外部数据的整合，将其实时动态地共享和复用给前端应用系统，开展丰富的场景化应用。

第三，工具应用场景化

以往管理会计更多地强调用数据支持企业决策，但在互联网环境下，管理会计将会更讲究赋能。这个赋能不仅仅是为企业管理赋能，更重要的是为业务运营赋能。这就需要管理会计能够实现从全面化到场景化的转变。

场景化的管理会计应用是针对企业业务经营的具体场景开展的数据应用。其应用例如零售企业基于场景化应用开展区域单品的销售预测，房地产企业对所持有房产的价值分析，制造企业针对重点产品开展产销协同分析，服装企业依据某季服装销售额做出的库存、物流优化决策等。

对场景的关注使得管理会计从原来为企业解决一个大问题，变成解决一系列具体业务中的小问题。基于此，我们将会看到：对于经营预测、销量预测、成本管理、风险管理等相关领域，不同企业会投入不同的关注重点。

第四，数据赋能主动化

传统管理会计系统，由于数据采集、数据整理、数据加工比较缓慢，相关信息也不充分，所以更多地强调用数据支持管理层的决策，对一线业务部门赋能，对运营端的支持相对薄弱。数据中台实现了数据数量、质量、治理能力、计算能力和分析能力的大幅提升，使管理会计与业务经营的融合更紧密。这使得管理会计能够更多地应用于销售、生产、供应链和研发创新等价值链环节的具体业务场景中，主动为业务运营赋能。

管理会计系统可以开展主动预警：通过 AI 算法重塑人与数据的关系，能够定位每位用户最应关注的指标，并建立预警管理闭环，主动监控数据异动，第一时间推送给适合的人。管理会计系统还可以基于知识图谱进行关联问题的智能推荐，如根据分析对象自动推荐定制化的数据可视化展示等。

第五，技术融合智能化

智能技术是智能管理会计得以全面实现的底层技术和前提条件。人工智能的应用分为运算智能、感知智能、认知智能三个阶段。运算智能让系统能存会算，感知智能让系统"能听会说，能看会认"，而认知智能让系统"能理解，会思考"，也就是可以联想推理。认知智能是未来数据智能应用中最重要的方向，也是智能技术在管理会计应用中的最大挑战。

突破认知智能阶段所依靠的是以机器学习为核心的智能技术。机器学习可以用来解决多变量、很难用一个规则来计算的计算模型，通过机器学习可以采集大量的预测参数，对数据的输出进行快速计算。基于机器学习技术，系统可以基于对业务知识的理解，科学预测、合理控制、智能分析，真正成为管理和财务人员的智能助手。亚马逊利用机器学习算法动态定价，每天有约 250 万次的价格调整，整体提升利润达 25%。银行利用强化学习算法探索需求收益率最大化，机器不仅学习大数据场景进行贷款定价，还面向不同客户进行贷款定价。不过，管理会计更多的是面对内部管理及场景，这给机器学习算法支持相应应用带来了困难。未来，机器学习结合自然语言处理、知识图谱的数据交互分析技术，将给未来管理会计数据分析带来更大帮助。例如，企业可通过构建数据与业务的知识图谱，建立数据分析的推理链路，实现数据变动的自动归因溯源分析，辅助业务决策。在认知智能的帮助下，企业的管理报告场景可支持更灵活的分析、更细分的业务场景，这将极大提高企业日常生产经营的决策力。

　　智能管理会计为企业带来了高质量的数据基础，敏捷的响应能力和智能的数据分析，使企业能够更有效地应对市场环境的不确定性。智能管理会计涵盖哪些内容？在企业有哪些创新性的应用？企业应如何理解和构建智能管理会计体系？关于这些问题的答案，我们都在这本书中进行了全面梳理。

　　本书可分为三大部分。

　　第一部分涵盖第1章和第2章，基于对管理会计发展变迁以及与信息技术相融合的梳理，提出了数字化时代管理会计升级与变革的方向，并提出新一代智能管理会计系统的基本架构。

　　第二部分从第3章到第11章，采用理论与案例相结合的方式，分别从预算管理、成本管理、绩效管理、管理会计报告、战略管理、营运管理、投融资管理、风险管理和财务共享等9个方面，全方位地探讨了智能管理会计的应用与创新。

　　第三部分为第12章，以通威股份、卓越集团和南钢集团这三家企业为例，讲述它们如何应用智能化管理会计，实现数字化运营的真实故事。

　　限于作者的经验和水平，书中难免存在不足之处，恳请读者不吝赐教，对书中内容提出宝贵意见。

目录

第 4 章

智能化制造工厂的新成本管理 / 057

第 5 章

用智能技术拯救"失灵"的绩效管理 / 073

第 ⑪ 章

业财税一体化的财务共享　/　153

第 12 章

解开镣铐，跳出数字化运营的新舞步　/　183

第 **1** 章　数字化时代的
管理会计变革

　　信息技术领域的每一次变革，都会引起经济社会各个领域的"蝴蝶效应"，会计行业也是如此。伴随着大数据、智能化、移动化、云计算、物联网等信息技术的飞速发展，我们迈入了数字化的新时代。新技术的出现与应用带来了管理思维、管理模式、管理工具及方法的巨大改变与创新应用，给"用数据说话、用量化管理"的管理会计带来了深远的影响。

　　管理会计本质上就是建立在数据收集、分析基础之上的精细化量化管理，它的使命是为管理提供决策支持、促进管理精细化。无论是管理会计理念与工具方法的落地，还是管理会计功能的发挥和价值实现，都离不开数据的支撑。而大数据、人工智能等新技术能够对数据进行有效整合，快速准确地提供报表及决策依据，帮助管理者做出及时、准确的经营和管理决策。这将会令管理会计驶向何方？

1.1　管理会计的发展变迁

　　自 19 世纪末 20 世纪初发源于泰罗的科学管理理论以来，管理会计已走过逾百年征途。西方会计专家普遍认为，管理会计的发展经历了传统管理会计和现代管理会计两大阶段。由于会计环境发生重大变化，传统管理会计的历史较为短暂。20 世纪 50 年代世界已进入现代管理会计的发展阶段。而这一时期，管理会计的工具和方法也开始在我国企业获得大量应用。从这个层面上讲，在对现代管理会计的研究和应用上，中国与世界几乎是同步的，都已走过 70 年的悠长岁月。

　　70 年间，在世界和平的大环境下，全球经济获得飞速发展，管理会计的世界也发生了翻天覆地的变化。

1.1.1　以经济责任制为基础的管理会计实践探索期（1950—1978）

这个阶段是我国的计划经济时代，国家是一个巨型企业，国营企业只是这个巨型企业的生产车间，生产计划由国家统一确定并下达，产品由国家统一定价。从管理会计的角度看，企业充其量是一个"成本中心"，最多也就是一个"人为利润中心"。因此，成本及其考核是这个时期企业唯一可探索管理会计的途径，也是国家必然要重视的事情。这种对以成本为核心的内部责任会计的重视使得我国企业在这个阶段涌现出大量对管理会计的探索性应用，包括班组核算、经济活动分析和资金成本归口分级管理等。

1.1.2　以经济责任制为基础的管理会计体系建设的发展阶段（1979—1989）

1978 年之后，我国进入了改革开放时期，市场机制开始产生作用。一方面，国家开始探索建设有中国特色的管理会计制度体系，并形成了一套完整的成本管理制度，同时，结合经济责任制的贯彻和深化，厂内经济核算纳入了经济责任制，形成了以企业内部经济责任制为基础的、具有中国特色的管理会计制度，如责任会计制度等；另一方面，一批能够适应市场变化并有一定活力的国有企业涌现出来，并把目光转向市场和企业内部，向管理要效益，掀起了责任会计应用的高潮。

1.1.3　管理会计主题转变的过渡时期（1990—1999）

20 世纪 90 年代是我国管理会计发展的一个重要分水岭。在那之前，管理会计的应用仅侧重于企业内部，内涵也局限于责任会计基础下的成本管理，没有明显的市场特征。而进入 20 世纪 90 年代，随着我国市场经济体制的建立和市场竞争的兴起，以及西方多元化管理会计理念和工具的冲击，管理会计在我国企业的应用有所突破，出现了"邯钢模式"这一在我国管理会计应用史上具有里程碑式意义的典型案例。此外，管理会计的内涵也不再仅仅表现为成本管理，而是进一步表现为成本管理与资金管理结合。这个时期的管理会计**开始由与市场无关的执行性管理会计转变为以市场为导向的决策性管理会计，**全面预算管理、平衡计分卡等西方先进的管理会计工具开始进入我国，信息系统在管理会计领域的应用在这一阶段开始萌芽。

不过，综观 20 世纪 90 年代，我国企业对管理会计的应用仍主要在成本会计系统、短期决策、资本预算、业绩衡量和成本加成法等方面，而对管理会计的研究还局限在企业内部成本管理方面，且集中于西方管理会计的理念和方法介绍，**理论与应用脱节的现象在这一阶段开始日趋严重。**

1.1.4　以计划、决策为主旨的管理会计的发展阶段（2000—2008）

进入新世纪，随着经济全球化进程的加快，市场竞争日趋激烈，我国企业建立现代企业制度和完善内部管理的需求和进程也日趋加快，这推动了管理会计实践的快速发展。管理会计的计划、决策和规划未来的功能获得了前所未有的重视和研究，**以计划、决策为主旨的管理会计在这个阶段获得了大量应用与发展，而以价值创造为核心的战略管理会计也开始引起学界和少数企业的关注。**

西方管理会计理念与工具的大量涌入在这一阶段对我国管理会计的应用和发展起到了很大的推动作用。全面预算管理、作业成本管理、经济增加值、平衡计分卡、标杆管理、准时制等先进的管理会计方法在我国企业获得了不同程度的应用并涌现出大批成功案例。一些方法的本土化改良研究开始广泛开展，信息系统在管理会计领域的研发和应用进入了新的阶段，管理会计信息化成为大势所趋。在这一阶段，以中华人民共和国财政部（下文简称"财政部"）、国务院国有资产监督管理委员会（下文简称"国资委"）为主的企业管理部门出台了一系列以预算管理为重点的制度和办法，推动了企业管理会计的应用和快速发展。

1.1.5　以价值创造为核心的战略管理会计体系建设发展阶段（2009 年以后）

金融危机后，全球经济陷入低谷，而我国经济在经历多年的快速发展后，也逐渐进入调整阶段。与此同时，信息技术飞速发展，移动互联时代拉开序幕。学者和实践者们开始反思传统管理和商业模式的弊端，先行者们开始探讨和寻找能更好地适应这个时代的管理模式。

要想在经济环境不确定性和模糊性日增、信息技术发展日新月异、全球化竞争日趋白热化的局面中谋取优势，脱颖而出，必须从粗放式管理向精细化管理转变，从战术经营向战略管理转变，即从机会导向向战略导向转变，从简单资源整合向核心能力培养转变，从巧妙运作关系向系统管理战略转变。管理会计正是帮助我国企业成功实现转变的一门科学。

我国管理会计的发展从 2009 年开始提速，2014 年后，受益于财政部的有力推动，呈现一派繁荣之势，应用管理会计实现企业做强、做优一时成为企业界的主基调。监管层频频出台政策助力推动企业管理升级，财务工作由财务核算向价值创造转型，各类管理会计工具的应用与创新此起彼伏。在这个阶段，伴随着战略经营的思想在企业经营中占据主流，**我国管理会计开始迈入"战略管理会计"时代，其研究和应用进入了一个与国际趋同、与本土化发展相适应的多内容、多视角、多学科的创新时期，并将继续得到进一步的发展。**

1.2　管理会计与信息技术的融合

管理会计天然具有信息化的基因。 有学者对管理会计的定义如下：它是一个以价值为基础，以战略为导向，以服务组织内部规划、决策、控制和评价等活动为目的，并重组织整体信息和内部构成单位信息、财务信息和非财务信息、历史信息和未来信息，全面、综合的信息系统[1]。

管理会计的发展离不开与信息技术的融合。《财政部关于全面推进管理会计体系建设的指导意见》系列解读之五中指出，信息化是支持管理会计理念与方法落地，支撑管理会计功能发挥和价值实现的重要手段和推动力量。将信息技术应用到管理会计领域，可以有效突破传统管理会计在时间、空间上的限制，深入挖掘企业各个流程的相关数据，实现信息的实时传递与分析，提高计算的准确度，提升管理会计信息的及时性和有效性。在数字化时代，企业面对的数据量越来越大、越来越复杂，企业对信息和数据的要求更加精细、实时、多维度，如果没有信息化的工具，很难实现管理会计思想和方法的落地。

1.2.1　会计信息化：从核算软件到智能系统

随着信息技术的飞速发展，企业面临的竞争环境发生了根本性变化，顾客需求瞬息万变，产品更新换代加速，竞争日趋激烈。在这种形势下，**企业管理必须从粗放经营向成本控制转变，从部门管理向企业级协同管理转变，才能适应竞争形势的变化。要实现这些转变，企业信息化是重要的工具和手段。在企业信息化的过程中，会计作为重要的管理职能，其信息化程度是企业信息化水平的重要标志。**会计是企业所有业务信息的集成点，企业经营中的每一个事项和交易，最终都会汇集到会计信息系统中。收集信息、加工信息、储存信息、披露信息，并为经营决策提供支持，是会计的一项重要工作。会计的信息化，最终是为企业管理决策服务的。**因此，管理会计信息化不是一套独立的财务信息系统，它是会计信息化的重要组成部分。管理会计信息化，实际上就是面向管理会计的会计信息化，是会计信息化发展的必然趋势。**

会计信息化的发展，有其自身的发展规律。会计信息化一般以财务核算领域为起点，最终实现对管理会计领域的覆盖，以及财务领域全方位的信息化。回顾历史，会计信息化的发展主要经历了四个阶段：核算软件阶段、管理软件阶段、标准化阶段和智能化阶段（刘勤，2019）。

第一个阶段：核算软件阶段，即我们通常所说的会计电算化阶段。20世纪80年代末到90年代初，我国企业处于计划经济与市场经济并存的转轨经济时期，会计工作职能以记账、报账为主。随着计算机开始出现在企业办公桌上，越来越多的企业开始将这个高级的计算工具和数据管理工具应用于会计领域，如工资核算、资金支付核算等数据处理量大、计算简单且重复次数多的经济业务，使会计人员逐渐摆脱了手工账务处理过程中繁杂、易错的重复劳动，实现了数据的电子化存储。但是各个核算模块，如总账、固定资产管理、工资核算系统之间仍然联系较少，相对独立。

第二个阶段：管理软件阶段，即我们通常所说的 ERP（Enterprise Resource Planning，企业资源计划）阶段。1998 年，中国软件行业协会举办的"向 ERP 进军"发布会，拉开了我国会计核算软件向管理软件转型的序幕。随着我国市场经济体制逐步建立，企业管理的主要任务转向资源管理，会计工作职能开始由单纯的记账、报账转向辅助管理、辅助分析和辅助决策。同时，计算机及网络技术在企业逐步普及，国外企业流程再造及企业资源计划系统思想及技术相继传入，促使企业在财务工作中由电算化阶段逐渐发展到信息化阶段，广泛采用 ERP、CRM（Customer Relationship Management，客户关系管理）、生产制造管理、供应链管理和财务（业务）分析系统等管理信息系统进行数据计算、存储和管理，展现出快速、高效和易用的特点。

第三个阶段：标准化阶段。进入 21 世纪，随着经济快速增长，企业集团业务规模不断扩张，在国际化进程中出现了财务管理效率低下、成本上升、管控难度增加等问题。基于此，一些大型企业集团开始建立财务共享服务中心。经济一体化使全球经济规则、技术规则趋同，会计信息化标准成为企业解决财务管理问题的关键技术。2008 年 XBRL（Extensible Business Reporting Language，可扩展商业报告语言）中国地区组织成立，我国会计信息化进入了标准化阶段。

第四个阶段：智能化阶段。"大智移云物"等新一代信息技术的迅猛发展不断颠覆着传统商业模式，互联网化的创新型商业模式要求企业具有灵活的经营管理体系和实时的信息决策能力。如何应用新一代信息技术实现自动化、智能化的数据处理，并生成相关决策信息，辅助经营和管理决策，真正实现用数据驱动业务发展成为时代对财务工作提出的新要求。2016 年德勤和 Kira 系统（Kira Systems）联手，宣布将人工智能引入我国会计、税务、审计等工作中，这标志着我国进入了会计智能化阶段。

从会计信息化的发展阶段看，信息系统的早期阶段主要是提高财务会计（会计核算、会计报表）手工计算的准确性、及时性和实现效率的有效提升。后来，随着信息系统的不断发展，其职能逐渐向业务和管理领域不断拓展，并逐渐**聚焦于如何将财务信息系统与企业的业务信息系统融合，如何满足管理会计的需求，以信息化手段为支撑，更好地发挥会计管理功能，更好地为企业管理决策提供服务**。这时候，管理会计信息化就成为会计信息化的核心。管理会计信息化在不断更迭的信息技术和工具的推动下不断纵深化发展。

1.2.2　信息化对管理会计的影响

管理会计信息化是指随着科技的进步和信息化水平的提高，使用现代信息技术、方法将财务部门提供的数据和其他数据一起进行加工、整理和分析，然后让企业管理层根据整理和分析好的数据制定出合理的经营战略决策。

《财政部关于全面推进管理会计体系建设的指导意见》中提出，"鼓励单位将管理会计信息化需求纳入信息化规划，从源头上防止出现'信息孤岛'，做好组织和人力保障，通过新建或整合、改造现有系统等方式，推动管理会计在本单位的有效应用。"可以看出，管理会计信息化是企业信息化规划的重要组成部分。

信息化为管理会计的深入应用提供了技术支撑，它不仅推动了管理会计工具和方法的落地，从某种程度上说，它也是管理会计得以应用的前提和保证。

第一，信息化为管理会计的发展提供了信息技术支撑。随着信息技术的应用，会计信息的管理变得更加及时、快速、准确、集中，会计的核算也逐步变得更正规、高效、便捷。管理会计通过收集、分析、汇总数据使得企业的管理更加精细。根据管理会计的数据要求，企业内部的数据收集不仅包括财务数据，还涵盖销售、运营、员工等许多方面的数据。信息技术使得管理会计分析、处理数据的周期大大缩短，使管理会计为企业创造出更大的价值。

第二，强化了管理会计的职能。信息化时代，企业中的管理会计不再是单独地研究某一个或某几个领域，而是将它们结合为一体共同研究。企业已经不再只是单纯在日常经营决策中使用管理会计，在一些关系企业命运的长期战略决策中也开始尝试使用管理会计。现在企业可以更加轻易地获取更多有效数据，因为获取信息是通过各类信息技术手段进行的。企业可以先收集大量的数据，然后通过一些信息技术进行筛选，就可以得到想要的有效信息，并且通过数据分析，还能明确生产经营过程中每个环节之间的联系，为自身的战略决策提供相关信息，实现长期发展目标。

第三，拓宽了管理会计的处理范围。传统会计业务只需要对各个模块分别进行处理，所以传统的数据处理技术也只能建立预算管理和成本管理等领域的单独的信息系统。在信息化时代，各信息系统之间的关联互通至关重要。信息化的出现很好地解决了这个问题，它将会计核算与相关的业务活动进行有机融合，从源头上消除了"信息孤岛"现象，极大地提高了各个信息系统之间的信息共享性，实现了数据的信息共享。

1.2.3　管理会计信息系统

管理会计信息系统有别于管理会计信息化，是指以财务和业务信息为基础，借助计算机、网络通信等现代信息技术手段，对管理会计信息进行收集、整理、加工、分析和报告等操作处理，为企业有效开展管理会计活动提供全面、及时、准确的信息支持的各功能模块的有机集合。管理会计信息系统的模块主要包括成本管理、预算管理、绩效管理、管理会计报告等。

管理会计的价值实现，需要信息系统的强有力支撑。信息系统对企业管理信息进行收集、加工、存储、传输、维护和使用，使企业处于一个信息灵敏、管理科学、决策准确的良性循环之中，为企业带来更高的经济效益。

就管理会计信息系统本身而言，目前在我国企业主要有三种存在模式。第一种是应用国内外专业的管理会计信息系统，在 ERP 的财务会计模块之上建立独立的管理会计数据仓库，以 ERP 数据作为管理会计的数据基础，进而加工还原管理会计信息。时至今日，这种模式依然是国内大多数企业管理会计信息化建设的主流模式。第二种是专业化的管理会计套件，通常称作企业绩效管理（EPM，Enterprise Performance Management）套件，涵盖了计划预算、管理报告、盈利和成本分析、平衡计分卡、管理仪表盘等模块。第三种是ERP系统中的管理会计模块。尽管形式不同，但总体而言，管理会计信息系统是管理会计方法取得良好应用效果的有力保障。另外，对于一些先进的管理会计方法，如作业成本管理、战略成本管理等，专业的管理会计信息化平台可以说是应用的必备条件。以全面预算管理为例，全面预算管理的核心就在于全面、全员、全过程。全面即内容全面，需要覆盖企业运营的所有环节；全员即需要企业上下一致，全员参与；全过程即实现事前、事中和事后的过程管控。试想一下，采用手工的方法进行全面预算管理将会怎样呢？当然，数据的处理量将是巨大的，全面的预算难以实现；同时，信息传递速度缓慢，难以得到及时处理，全过程管理也将无从谈起。而通过信息系统，企业可以对预算业务中的各个环节和监控点进行规划、管理和控制。只有通过信息系统平台，全面预算管理才能真正得以实现。

　　管理会计信息系统建设有两个关键点。首先，要有明确的建设目标，也就是要有清晰的管理诉求，要回答"解决什么问题"这个最重要的问题。其次，建设管理会计体系，必须关注三个重点：数据基础、多维模型和展现方式。数据既要包括财务数据，也要包含企业经营数据，以及历史信息、内外部标杆的信息，甚至竞争对手的信息。在夯实信息基础后，需要把这些信息构建为多维的业务模型，把企业的商业模型、预算模型、分析模型有效地结合起来。这个建模其实就是根据量化数据，用模型的方式来勾勒一个企业的经营过程，既有简单的加减乘除，也有复杂的量价收入的转换，还有多维模型的深度应用。有了模型，我们才能考虑如何有效展现分析结果的问题。随着大数据分析和可视化工具的发展，企业管理会计工作人员可以把多维的数据、移动应用、各种炫目的展现方式便利地提供给管理者，形成一个高效、直观、有深度的管理决策支持平台。

1.3　管理会计的时代挑战

第四次工业革命对财务行业的最大影响就是让财务的职能进一步延伸和扩展到了价值创造领域。在这个阶段，技术环境与会计职能不再是单纯的技术影响职能的单向联系。而信息技术越来越具有"通用目的技术"的特征，管理会计信息化的优势日益显露，成为财务信息化发展的主要趋势。

与此同时，技术进步不断冲击和颠覆传统商业模式，并推动全球进入数字经济时代。层出不穷的新型商业模式、瞬息万变的经济环境和信息技术的快速迭代一起给管理会计信息化的应用带来了一系列新问题。

从技术进步的角度来看，一方面，物联网、大数据等信息技术的不断发展使企业获取数据更容易，成本更低，这使得企业拥有的数据量暴增，获取数据更完整、及时、可靠。物联网技术彻底改变了过去会计工作信息的传输方式，生产设备的所有数据——产量数据、生产线数据、作业数据等都可以实时通过物联网传输到企业 IT 系统中。在运输、入库、领用、在制品、产成品入库、销售等所有环节中，系统可在多个管理节点采集数据，并将所获数据自动、实时地传入数据仓库。以石油企业来说，企业可依靠物联网对出油量、状态、温度、颜色等各类油品数据进行采集汇总，而不需要大量现场管理人员。机械制造企业则可以通过传感芯片收集设备运行状况的数据进行分析，发现问题提前预警，安排检修，确保设备长期稳定运行。另一方面，智能技术、云计算、移动互联网等技术的进步使数据存储、计算速度日益加快，企业将有能力对海量的内部和外部数据进行加工、分析、报告和展现，预算管理、绩效管理、成本管理等管理会计职能能够更加高效、顺畅地发挥作用。

从外部环境的变化来看，随着市场环境日趋复杂多变，经济波动的周期越来越短。企业的战略能见度越来越低，经营变得越来越复杂和充满不确定性，企业对形成决策依据的各项数据的获取、提炼、分析的准确性、及时性的要求也越来越高。这极大地削弱了以描述性和诊断性为目标的数据应用的作用，同时又极大地提升了以预测性、优化性为目标的未来预测型数据应用的价值，使得企业对未来预测型数据应用的关注度陡增。

1.3.1　企业对管理会计的新要求

数字化时代，信息技术对经济和生活的改变巨大。信息、数据的产生和处理速度日益加快。人们的生活模式、工作模式，企业的商业模式都在不断变化，新的模式不断颠覆旧的模式，世界正在变得越来越复杂和不确定。

宝洁公司（Procter & Gamble）首席运营官罗伯特·麦克唐纳（Robert McDonald）借用一个军事术语来描述这一新的商业世界格局："这是一个VUCA的世界。"VUCA 指的是不稳定（Volatile）、不确定（Uncertain）、复杂（Complex）、模糊（Ambiguous）。

在这样一个 VUCA 的世界，企业的商业模式和经营状况充满了变数，当今管理会计应用的一个主目标是帮助管理者应对众多的不确定性。在这样的环境下，传统的管理会计思维和技术已经不能满足企业需求。管理者需要更精细的数据，更实时的分析报告，更快的预测速度和更强的计算能力。管理会计应用需要不断引入新的思维和技术思路来应对这些管理挑战。

更精细的数据——管理会计的本质是建立在数据收集、分析基础之上的精细化量化管理，它的使命是为管理者提供决策支持、促进管理精细化。精细化管理是企业对管理会计的必然要求。随着经济的发展、竞争的加剧、企业规模的日益扩大，企业对精细化管理的要求日益迫切。企业需要不断提升数据的精细度，用以支持经营管理决策。

更实时的分析报告——信息的时效性要求管理会计在分析数据时要快速、及时地拿到企业运营的第一手资料并从中挖掘出有用的信息。外部环境变化的加快要求管理会计系统处理数据的频度和速度不断加快。管理会计进行预算、预测、成本分析、经营报告的频率，将需要从过去以年、季度为基础，快速向以月、周、日甚至实时转变。

更快的预测速度——经济波动的周期越来越短，企业的经营变得越来越复杂和充满不确定性，这无疑对预测的速度提出了更高的要求。一旦预测不够及时，即使预测数据是准确的，也会丧失价值。

更强的计算能力——大数据时代，企业在经营活动中能够获取的数据越来越多，包括来自 ERP、SRM（Supplier Relationship Management，供应商关系管理）等各个信息化系统中的业务数据、财务数据、结构化和非结构化数据，这些海量数据需要经由信息系统进行实时存储、转换、加工，转化为有价值的数据用以赋能业务发展。企业要做到高效计算海量数据，就需要系统具备超强的计算能力。

1.3.2　从信息化到智能化

最近两年，"数字化"悄悄替代了"信息化"。从各种定义中，我们可以得出数字化指的是把模拟数据转化成 0 和 1 表示的二进制代码，需要或涉及计算机技术的使用。

信息化时代，因为技术手段有限，对于一个客户、一件商品、一条业务规则、一个业务处理流程或方法，我们只能以数据的形式人为地录入，大量依靠关系数据库——表（实体）、字段（属性），把这所有的一切都变成结构性文字描述。而如今，随着人工智能、大数据、云计算一系列新兴技术经历了前期摸索式发展，并逐渐向产业和行业下沉后，我们大可利用这些技术把现实缤纷世界在计算机世界全息重建。**现实世界什么样，我们就有能力把它在计算机的世界里存储成什么样——这就是企业数字化。**

数字化是一种趋势，是运用数字技术将企业内外部的信息转化为数字、数据的过程，也是 IT（Information Technology，信息科技）向 DT（Data Technology，数据科技）转化的过程。数字化能够实现由机器自动化完成数据的采集、录入、计算、分析和运用，但无法使系统具备学习能力和决策能力。要让系统拥有人脑的智慧，就需要将数字化升级到智能化。

智能化一般具有四大特征。一是感知能力，即能够感知外部世界、获取外部信息。**二是记忆和思维能力**，即能够将感知到的信息存储起来，并利用已有知识对信息进行分析、计算、比较、判断、联想、决策。**三是学习能力和自适应能力**，即通过与外界环境的交互，不断学习和积累知识，以适应环境变化。**四是行为决策能力**，即根据数据分析的结果做出相应决策并传达相应信息。

　　数字化为智能化提供了技术基础，没有数字化带来的数据化，就不会有智能化。同时，智能化是数字化的高级阶段，也是管理会计信息化的发展趋势。管理会计不仅需要数字化，还需要智能化。智能管理会计是数字化和智能化的融合，其通过应用数字技术获取真实、完整、实时、有效的数据资产，再基于对智能技术的深入应用完成企业复杂的管理会计活动，指导企业未来的决策和行为。

第 **2** 章　管理会计的智能化升级

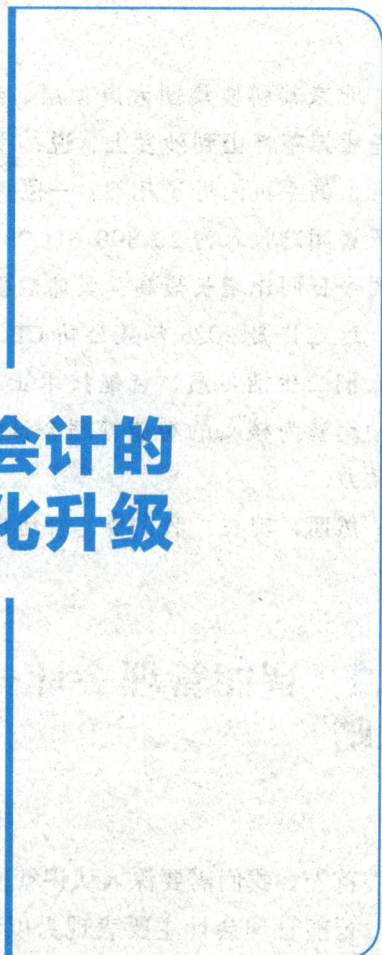

北京某科技集团大厦顶层。结束一天的工作后，窗外已是繁星点点。李总手捧茶杯坐到沙发上，说："小元，给我讲讲今天集团的经营情况。"茶几上的手机闪烁了几下，一位短发美女的投影出现在李总面前。"老板，今天集团总收入为 20 898 631.98 元，其中，广州分公司贡献最大，上海分公司今日同比增长最高，具体数据为⋯⋯"

这或许是 2025 年某公司 CEO 工作中的寻常一幕。如同智能手机改变了人们的生活习惯，智能技术正在改变企业管理会计的方方面面，以数据驱动运营为核心的智能管理会计体系将给企业的业务发展带来前所未有的推动力。

然而，现在，我们要怎样迈出从信息化到智能化的关键一步？

2.1 智能管理会计——赋能业务发展的"最强大脑"

首先，我们需要深入认识智能管理会计。

智能管理会计主要表现为以数据发现、智能决策和智能行动为核心的智能管理会计系统，可以帮助管理者进行智能判断、策略生成和策略选择。智能管理会计基于对"大移云物"等信息技术的深入应用，不仅可以进行更广泛的数据收集、更深入的数据加工和形式更丰富的数据展现，甚至可以直接代替管理者进行智能决策。举例来说，当管理者需要就产品结构调整进行规划时，他不再需要自己调出相关数据加以分析，系统可以快速、准确地对不同产品在现有和模拟产量和销量下的利润进行计算，并基于计算结果做出判断并给出结果。

2.1.1　智能管理会计的两层含义和五大特点

智能管理会计有两层含义：一是全面应用以"大智移云物"和区块链为代表的数字化技术；二是对传统管理会计模式，包括组织、流程和工作模式等进行全方位变革，使管理会计体系能够更好地支撑企业业务发展。

与传统管理会计相比，智能管理会计呈现出五个鲜明的特点。

（1）深度融合内外部海量数据

数据是重要的战略资源，也是管理会计应用的基础。智能化时代将扩大企业有用数据的边界。传统管理会计所应用的数据主要局限于财务数据和部分业务数据，智能管理会计则需要依赖涵盖内部数据和外部数据的大规模数据产生价值。

大数据是一种规模大到在获取、存储、管理、分析方面大大超出传统数据库软件工具能力范围的数据集合，具有海量的数据规模、快速的数据流转、多样的数据类型和价值密度低四大特征。对企业而言，大数据主要涵盖与企业所处行业相关的竞争环境、盈利模式、业务模式、客户消费模式等一系列内外部经营相关的信息流，是来自企业外部的社会数据。

身处万物互联时代，大数据的演进已经成为不可逆的浪潮。我们看到，在整个企业运行过程中，企业壁垒变得越来越薄，甚至有可能被瞬间打破。获取资源的过程和内部交易的过程，都会依赖大数据来定义客户，完成交易。企业不再只是产品的制造者，而要整合外部平台。这将令大数据的价值日益凸显，也是近年来企业大数据应用风潮日盛的根本原因。

同时，企业在经营活动中还会产生大量内部数据，包括以收入、成本、利润、资产、负债等为代表的财务数据和与产品、客户、渠道、生产、研发等相关的业务数据。这些数据直接反映企业经营情况和财务状况，是企业在经营和管理决策中长期应用、必不可少的重要依据。以预算管理为例，在从目标到计划到预算到资源到行动的整个过程中，其首先用到的数据就是生产计划、销售计划等业务数据和收入、费用等财务数据。

成功的数据应用是深度融合内外部数据的应用。无论是某房地产企业在投前测算中综合采用运营计划、项目成本、销售进度等内部数据以及地块基本情况、竞争对手拿地情况等外部数据，还是某快消企业在供应链决策中综合协同销售、生产、采购、财务等部门内部数据以及竞争对手状况、区域天气、市场环境等外部数据，**内部业财数据只有与大数据相结合，才能触发真正令人满意的数据应用效果**。依托大数据、物联网等新一代信息技术采集到的海量内外部数据，智能管理会计获得了前所未有的绝佳数据基础支撑，能够开展更有价值的数据应用。

（2）提供实时、动态的数据服务

实时化是市场环境对管理会计提出的新要求，也是在新一代信息技术推动下智能管理会计应用创新的新发展。

在进入数据爆炸的移动互联网和大数据时代后，成熟企业的管理会计应用的数据量急剧增长，如何提升数据处理、数据分析和数据响应的速度成为智能管理会计的新挑战。智能管理会计系统基于对内存计算技术的全面应用，能够把数据完整保留于内存中，并通过优化的存储结构和算法处理海量数据和复杂逻辑，将用户的数据读写请求快速转换为内存读写和内存计算，使得系统性能不会因数据量的持续增加而发生衰减，从而使数据处理的频度和速度获得大幅度提升。**企业从原来被动的事后分析转变为主动的实时决策，并可以以此为基础创建基于预测、而非响应的业务模型**。

以预算管理为例，过去绝大多数我国企业都强调年度预算，一年考核一次、一年评价一次，但是随着环境和技术的快速变化，数据业务发展变化呈现出一个重要趋势：**年度预算对实际经营的指导作用越来越小，动态的滚动预算才能更好地支撑决策和预算控制**。于是，从三到五年的长期预算，到年度预算，到按月、按周、按日的滚动预测，再到实时的业务预测，就是基于智能管理会计信息系统把预算管理从年度化转变为滚动化，再到实时化的一个典型应用。

（3）直接赋能企业业务发展

传统管理会计系统由于数据采集、数据整理、数据加工比较缓慢，相关信息也不充分，所以更多地强调用数据支持管理层的决策，对一线业务部门的赋能、对运营端的支持相对较为薄弱。在数字化时代，数据的数量、质量，对数据的治理能力、计算能力和分析能力均大幅提升，管理会计与业务经营的融合更紧密。这使**智能管理会计能够更多地应用于销售、生产、供应链和研发创新等价值链环节的具体业务场景中，直接为业务运营赋能**。

例如，零售企业基于场景化应用开展区域单品的销售预测，房地产企业对所持有房产的价值分析，制造企业针对重点产品开展产销协同分析，服装企业依据某季服装销售额做出的库存 / 物流优化决策，等等。

（4）深入应用人工智能技术

智能管理会计涵盖对信息系统自动化、智能化、在线化、实时化和业务流程的数字化等多方面的要求。在这中间，智能技术无疑是其得以全面实现的底层技术和前提条件。

人工智能在管理会计中主要应用于三个方面：运算智能、感知智能和认知智能。运算智能让系统能存会算；感知智能让系统"能听会说，能看会认"；而认知智能让系统"能理解，会思考"，也就是可以联想推理。智能管理会计涵盖对人工智能的全方面深入应用。

通过应用内存多维数据库和分布式计算，系统能够实现数据时效性的革命性突破和数据计算速度的革命性提升，用户能够以前所未有的方式获得新的洞察和完成业务流程。通过应用自然语言识别技术，系统能够具备感知并认知自然语言的能力。用户可以通过语音给系统发出指令，甚至与之进行对话。通过应用知识图谱和智能推理技术，系统可以自动检索、阅读，并与用户进行智能问答。应用机器学习可以令系统具备自助分析的能力。系统基于对业务知识的理解，科学预测、合理控制、智能分析，真正成为管理和财务人员的智能助手。

以数据分析为例，传统的分析工作需要靠人按照一定的路径对管理数据进行浏览和探索（下钻、旋转），与预算、经营目标对比来寻找数据异常以发现经营和管理中的问题并形成分析结论。智能管理会计能够对数据进行自助的快速、多维度分析，并输出或者保存分析报表。

目前，依托初期的智能技术，企业已经可以实现对主体的财务预测、经营推演和风险量化等。未来，随着人工智能技术的深度发展和在财务领域的高阶应用，拥有高级人脑智慧的财务平台将基于对业务知识的理解，科学预测、合理控制、智能分析，甚至直接代替管理者进行自动化决策。

（5）更具有前瞻性

数据应用可以帮助企业感知现在和预测未来。感知现在即基于历史数据看当下，包括描述性分析和诊断性分析，表现为将历史数据与当前数据融合，挖掘潜在线索与模式，向用户展现企业"发生了什么"和"为什么这样发生"。预测未来则是应用模型开展对未来态势的判定与调控，包括预测性分析、优化性分析和自主性分析，表现为基于数据模型解释事件发展演变规律，进而对发展趋势进行预测，不仅要告诉用户"可能发生什么"，更要帮助用户了解企业"应该怎么做"以及"如何适应改变"。从价值创造的角度来说，预测未来的应用致力于解决问题，更符合数据洞察"向前看"的发展趋势。

传统管理会计主要是感知未来的数据应用，而智能管理会计则更加重视预测未来的数据应用。举个例子，企业可以利用隐形关联的历史数据，如企业内部运营数据（订单数量、投诉数量等）和外部数据（天气、社交网络情绪指数等）来训练机器学习模型。利用完成训练的模型对在线数据进行预测，从而让对历史数据的静态分析变成一个动态的预测模型。**在智能管理会计领域，基于对新一代信息技术的充分应用，企业将获得更充分的业务决策信息，从而更好地支持计划预算和经营预测。**

2.1.2　智能管理会计是对传统财务体系的重构

智能管理会计不仅是传统管理会计在数字化时代的创新和发展，也是对传统财务体系的革命性迭代。互联网商业模式是以消费侧为主导、以模式为核心的资本经济。如今，很多企业在业务端已经应用了线上线下融合的新思想，但其财务支撑体系还是采用与交易分离，以事后报账为主线，以管控风险为目标的传统模式，流程复杂、效率低下，显然已无法匹配前端快速响应的管理要求，必须进行重构。而智能管理会计正是新一代财务体系的核心内容之一。

从本质上来说，**传统财务是准则导向、披露导向，不是业务导向、管理导向，ERP 系统主要为流程操作服务，这会带来两个问题。一是财务信息客观但未必真实**。财务数据以发票内容为主体，但发票无法反映业务的本质。财务数据与业务实质脱离。这些都会导致 ERP 财务信息失真，导致无法满足管理需求。**二是财务信息为单一化的货币计量信息，而非企业综**

合性的全面经济信息。货币计量信息固然具有一定的综合性，但非货币性信息对管理往往至关重要。财务信息支撑体系存在的这些问题，使得财务信息片面、失真，难以满足业务管理的需求。

图 2-1 所示为传统的企业信息化架构，企业的信息化体系由一系列相互独立的专业套装软件系统构成，各个系统之间的连接性不高，为数据采集、数据转换、数据处理带来了一系列难以解决的问题。

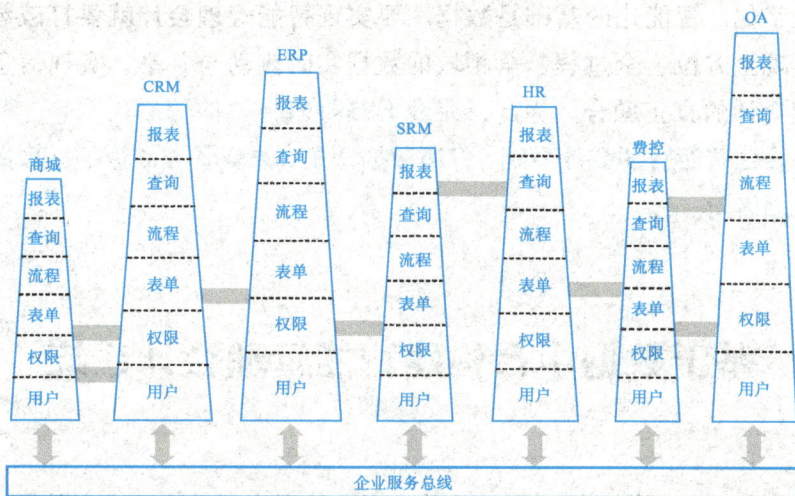

图 2-1　传统的烟囱式企业信息化架构

从数据采集看，传统企业信息化架构下内部数据各自分散在不同的子系统中 [如 ERP 系统、CRM 系统、SRM 系统、HR（Human Resources，人力资源）系统等]，但各系统就像不同的烟囱一样彼此独立，形成了大量的"数据孤岛"，数据采集难度大。

从数据转换和计算看，财务、业务、管理等不同口径所需的数据零散分布在各个系统，而各个系统的数据都是按照其固有的需求和规则设计的，不同部门、不同应用系统对同一类甚至同一个数据的口径不一致（例如，财务口径的数据与交易分离，管理口径的数据与业务分离），往往会出现相互之间口径对不上的情况。同时不同口径的数据进行转化和重新计算的过程产生了管理会计系统应用中的数据鸿沟。

从数据获取效率看，基于 ERP 系统搭建的管理会计信息系统自动化程度低、时效性差，难以满足瞬息万变的商业环境下企业的实时分析与决策等管理需求，更不具备互联网环境下对业务运营快速响应的能力。

从数据存储和数据处理看，企业内外部数据可分为结构化数据和非结构化数据，而其中占比高达 80% 的数据都是非结构化数据。**非结构化数据对 IT 系统的数据处理能力和读写速度要求更高**，对数据存储和数据管理能力也提出了更高的性能要求。上述要求**在传统的烟囱式企业信息化架构下难以得到满足，致使很多企业的数据沦为"一团乱麻"**。

数字化、智能化的基础是数据。要实现智能管理会计就要打破数据壁垒，实现全方位、全过程、全领域的数据实时流动与共享，实现信息技术与管理会计的真正融合。为此，**企业必须打破传统的信息化架构，基于数据中台构建智能管理会计系统，打破数据壁垒，改变基础数据的获取路径，推动数据流动**。

2.2　基于数据中台构建智能管理会计系统

数字化、智能化对管理会计的首要影响体现为对数据需求和数据应用的影响。

在华尔街拥有权威地位的《互联网趋势报告》中频繁出现的眼球、页面浏览、平台、断口、流量、出货量、用户、黏性、按需服务、计算界面、数据平台、数据隐私、共享度等分析指标，早已取代了我们传统的毛利率、利润增长率、资产增长率等财务指标。人们日益认识到，决策者真正需要的不只是传统财务数据和结构化数据，还有一直被忽略的非财务数据和非结构化数据。将海量数据，尤其是非结构化数据收集起来并加以有效治理和处理，通过模型化、抽象化、算法化等步骤使其成为有用资产，全方位地支撑战略管理、风险管理、预算管理、成本管理、绩效管理、投融资管理、营运管理等各个领域中的数据应用，帮助企业解决经营中的实际问题，赋能前端业务发展。

要让管理会计做到这一切，我们首先需要认识一个叫"数据中台"的新家伙。

2.2.1　在企业前台和后台之间加一个"轮子"

中台概念的提出和应用堪称我国企业对信息系统理论改造升级的一个重要贡献。"中台"一词早期是由美军的作战体系演化而来，技术上说的"中台"主要是指学习高效、灵活和强大的指挥作战体系。中台为更多人所熟悉，是源于阿里巴巴提出的"大中台，小前台"战略。"阿里人"通过多年不懈的努力，在业务的不断催化、滋养下，沉淀自己的技术和业务能力，形成一系列综合能力平台，具备对前台业务变化及创新快速响应的能力，企业的前台，中台和后台架构如图 2-2 所示。

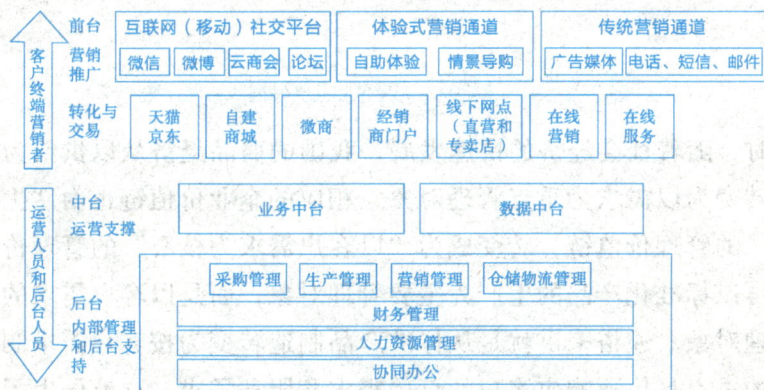

图 2-2　企业的前台、中台和后台架构

在传统信息化架构中，企业管理和运营系统通常可切分为前台和后台。前台通常是指面向客户的市场、销售和服务部门或系统，后台则是指技术支持、研发、财务、人力资源、内部审计等支撑部门或系统。对前台来说，对客户需求做出快速反应是其基本职责。在传统信息化架构中，前台需要得到后台的指令，包括业务和数据的指导，但后台的反馈速度往往很慢，很难及时满足客户的需求，因此会造成很差的客户体验；后台系统是一套相对完整的系统，流程规范、管理制度严格，无法为了前台的需求而彻底改变，而前台的业务变化太快了，根本无法做出及时的分析和判断。产生这个问题的原因其实就是前后端本身属于两个管理体系。我们用轮子来比喻，就是两个轮子的配速不一样。一个面向市场，先天的运转速度就快；一个处于后台，更多地强调标准、规范，先天的运转速度就慢。要把这两块结合起来，就必须再加一个轮子，也就是代表中台的轮子才能让两边的配速平衡，从而做到很好的协同。**中台让管理者"能听得到前线的炮火"，能更好地满足前台和客户的需求，快速地为前台提供更多的"炮弹"，如图 2-3 所示**。

图 2-3　中台是企业应对竞争和业务发展的必然产物

　　同时，随着社会经济的快速发展，我国的商品经济从以供给为重点管理对象转变为以需求为重点管理对象，相应的企业价值链也由"生产计划为核心"的管理价值链，转变成为"以客户需求为核心"的管理价值链。企业不再以标准化产品的生产为主要管理对象，而是以客户需求的产品为重点管理对象。通俗来讲就是从标准产品制造转变为按客户需求制造，所以价值的重点是快速响应客户的订单需求和服务需求，这就催生了后台资源服务和前台客户需求的频繁交互，生产、采购、物流和内部管理前所未有地需要与前端营销密切配合和快速匹配，打通前后台是必然趋势，中台架构下的企业新一代信息化系统应运而生。

2.2.2　没有数据中台，智能管理会计是空谈

　　数据中台是中台的核心平台之一，它通过数据技术对海量数据进行采集、治理、计算、加工，同时统一标准和口径。数据中台把数据统一之后，会形成标准数据，再存储数据，形成大数据资产层，进而为客户提供高效服务。数据中台将传统数据仓库的范围扩展到包含企业级所有数据的更大领域，对这些数据进行数据采集、数据治理、数据建模和各类分析服务，并提供给前端开展不同维度的数据应用。

数据中台是大数据平台发展到一定阶段后的一种思维升级，大数据平台是一种"技术优先"的思维，而数据中台则是"数据优先"的思维。广义的数据中台不仅包括在大数据平台基础上已经沉淀的采集、计算和存储能力，统一规划的数据治理能力，还包括长期积累下来的一些可复用度较高的技术组件和数据产品。

智能管理会计系统的主要工作包括对数据的打通、治理、挖掘和展现。在这一过程中，**数据中台是构建智能管理会计系统的基础和核心。**数据中台改变了数据采集路径，实现了对全数据的打通和共享，提升了数据价值，实现了多维、实时、智能的数据应用，使系统真正成为用户的智能助手。

数据中台为改变传统企业信息化架构的缺陷而生。数据中台可以接收不同行业的数据，用相同的逻辑完成数据运算，并给出相应的运算结果，给前台或后台调用。这样就可以用同一个数据中台服务不同行业实体的运营管理，避免为不同行业特性单独开发从前端到后端的完整运营系统，为集团企业扩展业务带来了更加快捷、有效的部署方式，大幅降低企业总体拥有成本（Total Cost of Ownership，TCO）。同时，数据中台通过在前后台之间增加一层系统，打破了传统烟囱式的企业信息化架构，使其从一系列套装软件系统变为各种服务支撑下的一系列前端应用系统，不仅能够消除企业的"信息孤岛"，提升数据采集和数据转换的效率和质量，还基于中台"共享"和"复用"的特点，根除了企业 IT 系统重复建设的现象，为数据存储和数据管理带来便利，如图 2-4 所示。

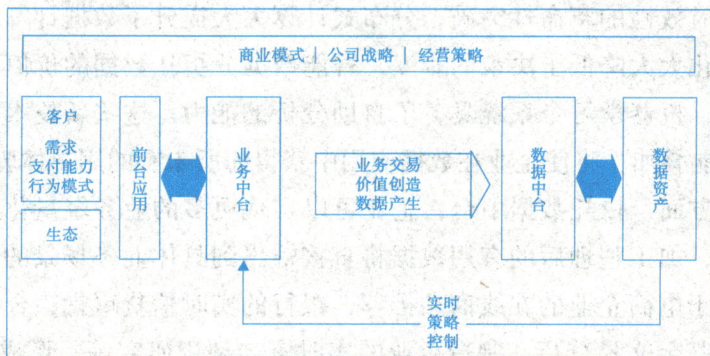

图 2-4　数字化时代的企业新一代信息化架构

一是打通全数据。数据中台架构显而易见的好处在于，它将企业信息化架构由不同平台下分散的烟囱式系统集群变革为部署在同一平台下基于服务的应用系统集群。基于数据中台，企业可以打通和汇聚多源数据，实现数据资产化和内外部数据的整合。

二是实现数据的复用与共享。中台的核心思想就是复用和共享，它将不同业务场景的通用能力抽离出来，下沉到一个共享平台，共享给前端应用系统并可在其中进行复用，实现特定的数据应用，更好地支持前台系统的灵活变化。中台可以确保同一类或同一个数据来源的唯一性，实现了对数据的集中化储存，使数据在应用端的复用和共享变得触手可及。企业还可以在中台上构建模型，并将其作为知识沉淀在中台内，可在数据应用端调取并进行复用。

三是推动数据赋能业务。以往管理会计更多强调用数据支持企业决策，但在互联网环境下应更加重视赋能，不仅是为企业管理赋能，更重要的是为业务运营赋能。在"双十一"网购的时候，电商系统会根据客户以往的购买习惯"猜你喜欢"，弹出专门给客户推荐的商品，这就是中台提供的重要赋能。在本次疫情中，大部分企业的管理层最关心的问题就是疫情将对企业业绩产生哪些影响，企业可以从哪些方面采取措施来加以应对，等等。而这些都可基于中台提供的实时变化的大量数据和模拟模型，更及时地获得面向未来的指标预判。

一方面，依托数据中台，企业可以实现实时、多维、智能、自动的数据应用。数据中台上包含一系列趋势性的新技术，如内存多维数据库、分布式计算、数据可视化、智能数据分析、机器学习等。内存多维数据库实现了数据时效性的革命性突破，分布式计算大大提升了数据计算的速度，数据可视化大大降低了决策的难度，智能数据分析让数据的价值获得更充分的挖掘，机器学习令系统具备了自助分析的能力。这些新技术在数据中台上的功能叠加，将使企业在数据应用中获得前所未有的用户体验。

另一方面，依托数据中台，企业可以实现更多的业务轻量化应用。数据中台上，加工整理后的有用数据将直接输出到具体业务场景的应用端，如输出用于电商企业的在线商品推荐，银行的实时信贷审批，金融服务公司的对冲基金交易分析，制造企业的实时资产利用研究等，形成以分析 – 决策 – 行动为闭环的应用链条。数据将真正与业务场景融为一体，一个个轻量级的应用将直接帮助企业解决业务问题。

2.2.3 基于数据中台的智能管理会计信息化架构

管理会计信息化的本质是利用模型对获取的数据进行计算处理，再通过各种形式将处理结果呈现出来，供管理者进行分析决策。这一过程的三个核心环节是：**数据获取、模型计算、数据展现**（李彤，2018）。智能管理会计系统的基本架构依据这三个核心环节分为三个层级，如图 2-5 所示。

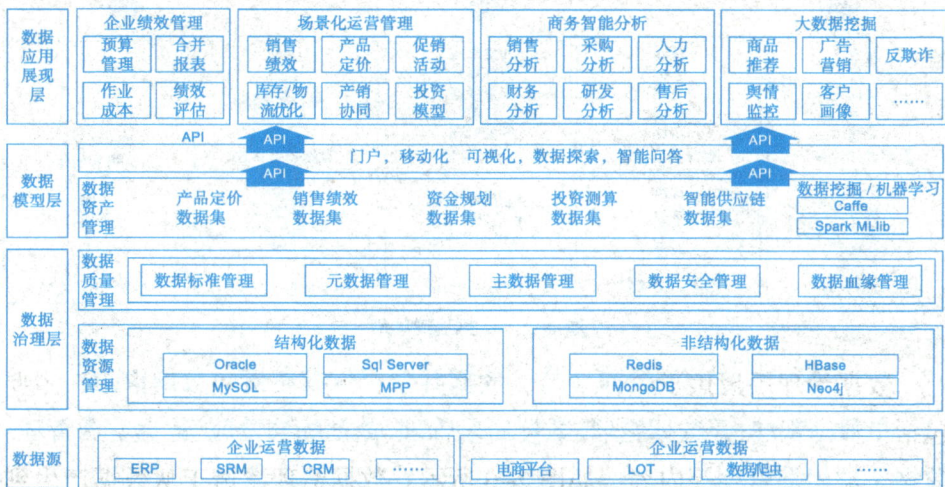

图 2-5 基于数据中台的智能管理会计信息化架构

（1）底层是数据治理层

数据治理是专注于将数据作为企业的商业资产进行应用和管理的一套管理机制，能够消除数据的不一致性。其通过建立规范的数据应用标准，提高数据质量，实现数据广泛共享，并能够将数据作为一项资产应用于业务、管理、战略决策中，进而发挥数据资产的商业价值。

数据治理是数据应用的重要保障，也是管理会计智能化的前提。信息化领域有一个很有名的说法"Garbage in，garbage out"，翻译为中文就是"垃圾进，垃圾出"，意指用脏乱的数据做样本，产生的研究成果也是毫无价值的。数字化时代，管理会计系统不仅要利用新一代信息技术实现对来自不同渠道的海量内部数据和外部数据，结构化数据、半结构化数据和非结构化数据的集中收集，更重要的是要建立数据治理体系，将分散、杂乱无序、口径不一的数据变为清晰有序、口径统一、有条理、有脉络的数据，以保证数据的可用性、一致性、完整性、合规性和安全性，确保在整个数据生命周期中，数据都具有较高的质量。数据治理不可或缺。只有建立了类似图 2-6 中的数据治理体系，管理会计信息化才有可能真正迭代为管理会计智能化。

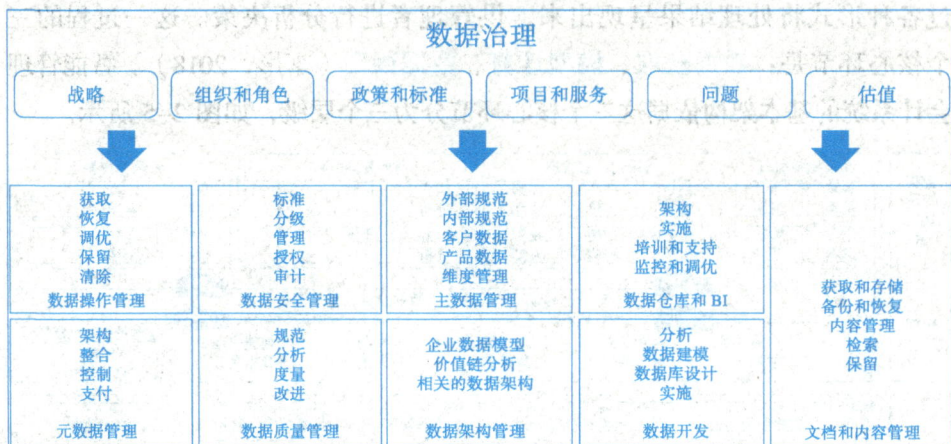

数据治理					
战略	组织和角色	政策和标准	项目和服务	问题	估值
获取 恢复 调优 保留 清除 **数据操作管理**	标准 分级 管理 授权 审计 **数据安全管理**	外部规范 内部规范 客户数据 产品数据 维度管理 **主数据管理**	架构 实施 培训和支持 监控和调优 **数据仓库和 BI**	获取和存储 备份和恢复 内容管理 检索 保留	
架构 整合 控制 支付 **元数据管理**	规范 分析 度量 改进 **数据质量管理**	企业数据模型 价值链分析 相关的数据架构 **数据架构管理**	分析 数据建模 数据库设计 实施 **数据开发**	文档和内容管理	

图 2-6　数据治理体系

数据治理层聚焦于**数据规范**、**数据共享**、**数据质量**和**数据应用**，主要包括**主数据管理**、**元数据管理**、**数据质量管理**、**数据标准管理**、**数据安全管理**、**数据生命周期管理**等内容，如图 2-6 所示。数据治理渗透于从数据产生到应用的全生命周期中：在确保数据安全的前提下，来自不同应用系统的结构化、半结构化、非结构化数据经过数据采集和交换进入 ODS（Operational Data Store，操作型数据存储）、数据仓库和数据集市，通过元数据管理平台，对数据标准、质量进行梳理，开展主数据管理，形成各类数据资产，提供各类数据服务，赋能前端应用，前端应用产生的新数据再次进入数据全生命周期中。

数据治理的任务主要有：**构筑适配灵活、标准化、模块化的多源异构数据资源接入体系；建设规范化、流程化、智能化的数据处理体系；打造数据精细化治理体系、组织的数据资源融合分类体系；构建统一调度、精准服务、安全可用的信息共享服务体系**。

数据治理体系不等同于以规划、控制和提供数据资产，发挥数据资产价值为全部内容的数据管理，而是对数据资产管理活动行使权力和进行控制的活动集合。数据治理制定正确的原则、政策、流程和操作规程，确保以正确的方式对数据和信息进行管理。为此，**建立数据治理体系应从组织、内容和工具三管齐下，全方位构建治理能力**。首先应形成全员数据管理意识并构建数据管理专业化组织，包括数据管理委员会、数据管理推进组织、数据管理执行组织、数据管理考核组织，奠定数据治理基础。其次应开展数据生命周期管理、数据标准和规范管理、数据质量管理、数据安全管理、元数据和主数据管理工作。最后应用数据管理流程、数据汇聚工具、数据ETL（Extract-Transform-Load，数据仓库技术）工具、数据质量管理工具、数据建模工具和数据服务工具等。

建立数据治理体系的价值是非常显著的：**企业将获得更干净、质量更高的数据**，为进一步的数据活动打好基础；标准化的数据资产管理方法、流程和策略，将**有效提高数据运营效率**；使**数据更容易与业务建立紧密联系**，推动数据资产的变现；**提高数据安全性，保证合规性**。通过数据治理，管理会计所需的各类基础数据、业务财务数据和外部引入数据的质量得到提升，这就从源头上解决了管理会计报告应用中的数据采集和数据质量难题，为下一步数据分析奠定了充分的数据基础。

（2）中间层是数据模型层

数据模型层的核心是基于智能技术开展数据建模，形成服务化的数据应用。管理会计的最大价值就是为各层级管理者的科学决策提供量化信息支持，其本质在于将企业业务模型化，即通过建立量化模型来模拟企业的商业模式和业务模式。而智能技术架构下，**数据中台的核心能力就是数据建模**，可基于智能数据研发开展在线数据建模、基于智能算法进行统一画像和构建公共数据模型。借助强大的建模和计算引擎，**企业可按不同主题建立业务模型和财务分析模型，发现数据之间的关系，做出基于数据的推断，满足管理会计对系统的性能需求**。

数据模型可分为基础模型、融合模型和挖掘模型。基础模型一般采用关系建模，主要实现数据的标准化；融合模型一般采用维度建模，主要实现跨越数据的整合，整合的形式可以是汇总、关联、解析；挖掘模型是偏应用的模型，作为企业的知识沉淀在中台内，可在数据应用端调取并进行复用。

数据模型层在智能管理会计系统中的应用主要经由两大环节得以实现：

首先是**通过分主题的数据建模组建一个全面的企业级内存多维数据库，得到企业数据的"全局视图"**；在此基础上，**应用分布式计算、机器学习、智能数据分析等技术对数据进行挖掘分析和处理，从企业最核心的财务数据延伸到业务数据，从企业内部数据延伸到外部数据，形成有用信息。**

内存多维数据库实现了数据时效性的革命性突破。管理会计人员每天都会面临数据量不断增长、数据处理不够迅速、数据分析延后和数据响应速度慢的挑战。在数据爆炸的今天，提高数据价值的重要途径就是提高数据处理的速度。IDC（Internet Data Center，互联网数据中心）与浪潮联合发布的《2019年数据及存储发展研究报告》显示：海量、多元和非结构化成为新数据时代常态。同时，企业对于数据实时性的需求日益增加。传统多维数据库以磁盘文件方式存储数据，进行海量数据计算时就会产生频繁的磁盘读写，而磁盘读写的速度大大制约了数据计算的效率。内存计算是基于内存的计算，其实质就是CPU直接从内存而非磁盘上读取数据，并对数据进行计算、分析。基于内存计算的多维数据库，可以利用普通的PC服务器，在3秒内处理上亿个单元格的数据汇总，从而令系统拥有快速、可扩展的数据处理能力，为智能管理会计的应用、推广铺平了道路。

分布式计算大大提升了数据计算的速度。它通过把一个需要惊人计算量才能解决的问题分成许多小的部分，并分享给多个程序或多台计算机进行处理，达到平衡计算负载、提升计算效率的目标。

数据可视化有助于使用者更快更好地理解复杂数据。它通过屏幕把数据用图表等视觉方式展现出来，迅速和有效地简化与提炼数据流，以帮助人们探索和理解复杂数据的相关含义。通常所说的仪表板、管理驾驶舱就是给管理者提供的数据可视化工具。

智能数据分析让数据的价值获得更充分的挖掘。作为辅助决策的解决方案，充分融合了人工智能技术的商业智能工具能够在数据分析领域发挥更大价值。智能数据分析利用语音或者文字交互，采用类搜索引擎的方式向系统提问，系统理解问题并在后台数据库中搜索数据，继而以适当的形式呈现给用户。

机器学习令系统具备了自助分析的能力。机器学习可以用来解决多变量、很难用一个规则来计算的计算模型的计算问题，通过机器可以采集大量的预测参数，对输出的数据进行快速计算。在管理会计领域，机器学习可以基于对业务知识的理解，科学预测，合理控制，智能分析，真正成为财务和管理人员的智能助手。机器学习结合自然语言处理、知识图谱、图像识别等前沿人工智能技术，可以帮助企业实现商业智能的升级，建立自助式数据分析平台 [自助 BI（Business Intelligence，商业智能）]，辅以移动化、协同化，打造更易交互、更智能化的新一代商业智能产品。

（3）上层是数据应用展现层

数据应用展现层聚焦于对数据的应用和展现。数据应用通过将数据融入企业具体的业务经营场景中，基于丰富的数据模型开展场景化应用，用数据解决具体的业务问题，最终以多样化的形式，包括管理驾驶舱、即席分析、自助报告、数据大屏、移动 App 等，展现数据分析应用的结果。

数据应用展现层包括预算管理、成本管理、绩效管理以及一些扩展性的场景化分析、财务分析和业务分析应用。数据中台可对业务前端的相关结构化和非结构化数据进行自动集成，将其推送到相应的流程节点上进行处理，并回归业务前端，反向指导业务运营。随着企业数据运营的深入，各类大数据应用层出不穷，企业对数据服务的需求非常迫切，数据应用的数量日益增多。例如，浙江移动封装了客户洞察、位置洞察、营销管理、终端洞察、金融征信等上百个应用，每月调用量超过亿次，灵活地满足了内外数据服务的要求。

可视化技术在数据展现中被广泛采用。系统可以利用仪表盘、管理驾驶舱、战时大屏等工具，采用文本、表格、曲线图、柱状图、面积图、饼图、雷达图、仪表盘、散点图、气泡图、地图等多种数据展现方式，对不同日期、不同产品、不同地区等不同维度下的销量、价格、成本等数据进行形式丰富、直观的汇总、比对、分析。OLAP（Online Analytical Processing，联机分析处理）使用户能够实时以交互方式对相关数据子集进行"切片和切块"，如向上钻取、向下钻取，或任意挖掘（跨业务维度）、透视、排序、筛选以及翻阅，使数据展现更符合用户的需求、习惯和偏好，使用户能够更直观地捕捉到数据分析中出现的问题，从而有效降低管理者解读数据的难度并提升决策效率。

2.3　智能管理会计的应用

2.3.1　财务共享开道，管理会计奔跑

　　智能管理会计应用的首要条件就是要有数据，有数据的支撑，才能进行智能化。智能财务共享的应用是管理会计工作开展的前提和基础，它可以从组织架构、人员储备、系统架构、数据基础等方面全方位地为管理会计的应用创造有利条件。

　　从组织层面看，财务共享实现了财务岗位的职能分离，采用扁平化管理方式，为后续搭建管理会计体系的组织架构奠定了基础。从人员储备看，财务共享服务中心为管理会计的发展奠定了人力资源基础。在共享模式下，更多的财务人员从核算工作中解放出来，他们可以站在业务前端，从事管理会计工作。从系统层面看，财务共享系统是管理会计体系的有机组成部分。新兴技术在财务共享服务中心中的应用，如财务机器人、发票智能采集、智能审单等，赋予了财务共享新的生命力，主要表现在连接业务和财务信息，提升管理会计数据获取的及时性、真实性和可用性，为管理会计的智能化升级提供系统支持。从数据层面看，财务共享服务中心将企业的会计核算工作集中到一个平台进行，全面打通了财务、业务和管理信息系统，实现了交易过程的显性化和规范化，可以使企业低成本地获得大量统一、真实、可靠的业务和财务数据。同时，财务共享服务中心搭建与完善的整个过程就是不断标准化的过程——统一会计政策、统一会计科目、统一数据标准、统一流程控制关键点，从而从根本上解决数据口径不统一的问题。

　　业财税一体化的智能财务共享服务中心是现代企业财务管理拥抱"互联网+"和大数据技术的全新理念和模式，它解决了传统财务管理模式的几个难点，为智能管理会计的应用奠定了基础。

　　一是利用互联网将财务管理重心前移到交易（业务）环节。

　　二是在交易管理过程中建立财务数据中心，收集管理会计、财务会计、交易和税务的全量数据。解决传统模式下财务会计数据在前、管理会计数

据在后的弊端，管理会计信息不再依赖财务会计数据，两者同时产生、互相校验，保证了管理会计数据的实时性。

三是在交易发生前和发生过程中实现管理会计的管控功能，同时对数据质量进行实时控制。在订单生效之前的申请流程中，可以按照企业的预算、标准进行多维度的业务控制，在交易发生前对数量、价格、金额和供应商进行实时管控。在管控的同时收集管理会计维度（产品、渠道、客户、成本中心、项目、人员）的数据，并对数据录入的质量进行实时校验，保证管理会计数据采集的质量。

在智能化时代，传统会计将实现向业务管控者与价值管理者转型，企业财务管理借助智能财务共享服务中心将实现业财税一体化，为管理会计管控落地和数据采集、校验开启全新的模式。

2.3.2　在七大领域向数据要价值

财政部发布的《管理会计基本指引》中明确提出，管理会计工具方法主要应用于以下领域：战略管理、预算管理、成本管理、营运管理、投融资管理、绩效管理、风险管理。这也是智能管理会计的七大应用领域。这些领域互相融合、互相影响，共同构成了智能管理会计的应用体系。

（1）预算管理

作为企业管理体系中的核心工具方法，预算管理在智能技术迅猛发展和不断普及的时代正呈现出滚动化、场景化、预测化的发展趋势。各类场景化业务预测和"T+3"滚动预测都是预算管理在智能化时代的创新性应用。

（2）成本管理

智能制造给成本管理带来了巨大的挑战。随着物联网、"互联网+"技术的深入应用，企业生产组织和分工方式更倾向于网络化、扁平化，个性化客户需求将逐渐成为企业设计和生产产品或服务的起点。个性化定制模式的兴起改变了生产方式，对成本控制和产品定价提出了更高的要求。同时，出于对绿色、创新、自动化技术的追求，企业在生产设备、技术研发、控制系统上需进行更大的投入，这无疑将使企业的成本结构、成本管理对象、成本环境发生变化。在此背景下，企业的成本管理正呈现出新的内涵。

作业成本管理和成本分析方法都焕发出新的应用面貌。

（3）绩效管理

近年来，饱受诟病的绩效管理在智能化时代取得了新的发展。在智能技术、大数据、区块链等新技术的驱动下，智能绩效管理系统能够对绩效结果进行科学的归因分析，据此制定合理的绩效改进方案并动态追踪改进过程，能够破解绩效管理的应用困局，推动绩效管理持续改善。智能化的销售绩效管理通过自动处理流程帮助企业更好地控制销售佣金发放，从而提高效率，减少错误并获得实时的结果。这就是智能管理会计在绩效管理领域的典型应用。

（4）战略管理

由于智能管理会计集合了海量内外部数据，开展"向前看"的数据洞察，能够对战略管理从战略分析、战略制定、战略决策、战略执行到绩效管理的各环节提供有力的数据支持。战略测算是战略管理在智能技术迅猛发展背景下的一个创新性的应用。企业基于当前经营现状和战略目标，应用战略测算模型对未来经营情况进行战略推演和测算，以实现快速的战略模拟，并输出会计利润、毛利润、现金流量等指标数据，将战略目标分解、细化为具体、可执行的动作，以便于确定战略缺口、制定行动计划，确保战略落地。

（5）营运管理

智能管理会计在营运管理的各大环节中都获得了应用。从研发环节中的新目标成本法应用，销售管理环节中的客户画像管理、定价决策、促销方案决策等，到生产管理环节中的供应链预测决策管理，以及采购管理环节中的采购一体化管理，企业基于智能管理会计系统开展基础假设、数据计算、情景模拟、方案对比等专项工作，直接让数据赋能营运决策。

（6）投融资管理

智能化对投融资管理的影响不仅体现在对投融资计划制定、融资资金安排、投资可行性分析和投资决策的及时性、准确性的提升方面，还体现在投资活动的投后分析、融资活动的成本收益分析等方面。基于智能技术的应用，企业能够收集全面、真实的投资信息，解决信息不对称带来的投资误判问题；能够科学、准确预测投资项目所涉行业、区域发展趋势及项目关键参数，对投资效益进行事前预测和事后分析评价；能够深入评估项目风险，避免低估项目风险；还能够实时跟踪资金存量和资金需求，预测融资需求量和需求时点，据此提前做出融资安排，维持资金链安全并节省融资成本。

（7）风险管理

传统的风险控制以事后的检查发现为主，很难将风险控制手段用于事前和事中，且事后的检查发现也缺少更加高效的工具，难以发现关联风险。而智能技术可以有效提升风险管理的工具效率和工作质量，可以从事前、事中和事后三个层次防范财务操作风险。在场景化数字风控的思路下，大量的风险控制可以通过自动化规则，前移至交易环节，实现对风险的场景化事前识别和事前控制。传统的风险控制工具方法也在智能技术的加持下发生着全方位的进化和迭代。

2.3.3 最后一块拼图

作为管理会计方法应用的最终结果和管理会计信息的终端产品，管理会计报告是智能管理会计应用的最后一块拼图。随着智能管理会计带来的数据获取、数据处理和数据分析能力的巨大提升，长期桎梏管理会计报告发展的技术瓶颈获得了突破，管理会计报告的应用和发展开始发生全面的变革，管理会计报告也进入智能化时代。智能化给管理会计报告带来了更强的计算能力、更快的预测速度、更直观的决策支持信息和自动化的分析能力，管理会计报告在内容的有用性、时间的及时性和信息的易读性等方面都将发生极大的飞跃。

对管理会计报告而言，智能化带来的最大改变就是令其从单纯的报告进化到报告、推演、模拟、行动、反馈的组合。管理会计报告以数据为基础，但并不应将其仅仅看作单纯的数据展现。传统分析是单一的数据分析，组织单一、人员单一、流程单一、职能单一、输出结果单一，缺乏反馈的流程、路径和机制，使管理会计报告成为单纯的报告，尽管能够为用户提供数据分析的结果和相关改进建议，但无法跟踪后续改进行动的落实。

智能管理会计系统下的数据分析是更贴近具体业务的场景化、业务化分析，往往是团队协作，有管理人员领导，可以调集生产、销售、研发、财务、人力等多部门联动协作，站在全公司的整体视角解决场景中的业务问题，做出相应决策并上下协同实施。同时，**在智能管理会计系统中形成的数据一定要回归业务前端，反向指导业务运营**。这些都使得管理会计报告不再是单纯的报告，其有条件形成一整套追溯和跟踪体系，从报告、推演、模拟、行动到反馈，通过广泛的自上而下的团队参与和推动，确保报告内容能及时、精准地赋能业务发展。

　　智能化时代已款款而来。在与管理会计相关的各个领域，改变已接踵而至。从下一章开始，我们将对预算管理、成本管理、绩效管理、管理会计报告、战略管理、营运管理、投融资管理、风险管理和财务共享在智能化时代的应用创新和发展趋势进行详细阐释，以期全面揭示智能管理会计的落地和应用之路。

第 **3** 章　在虚拟的数字世界里预见未来

过去几年来，以"智慧茅台"为新战略的贵州茅台一直在数字化转型的大道上上下求索。于 2018 年开始搭建的智能预算管理系统已成为其"智慧家族"中不可或缺的重要一员。

基于人工智能、商业智能、大数据等新一代信息技术，茅台集团的预算体系瞄准中长期战略规划、年度预算与调整、预算管控、决策分析四个主要目标闭环构建，系统地在横纵两个方向上实现贯通。一是在横向上将战略、计划预算预测、执行控制、分析、绩效考核紧密结合，形成业财贯通；二是在纵向上形成集团到下级单位的数据贯通，提高预算管理效率及准确性。目前，预算管理已成功帮助茅台集团在管理上实现对全面预算内容的实时管控，落实财务、实物和人力资源优化配置；在系统工具上提高集团信息管控水平，并提升茅台集团整体预算及绩效管理能力。

在智能技术迅猛发展和不断普及的时代，企业管理发生了翻天覆地的变化，而预算管理作为企业管理体系中的核心工具方法，从系统到流程到方法都在发生巨大的变革。本章将全面阐释智能化将在哪些方面影响企业预算管理，以及企业预算管理在智能技术的加持下又有着哪些创新性的应用和发展。

3.1　预算管理的智能化变革

在智能技术的推动下，企业预算管理的数据基础、运算速度、展现方式都将发生巨大变化。这将令预算管理呈现三大趋势——预算导向由战略化向业务化转变，预算周期由年度化向滚动化转变，预算内容由全面化向场景化转变。

3.1.1　数据应用的核心就是预测未来

新技术的加持使企业可以将自动化、智能技术与数据可视化技术相结合，融合和打通各类数据，提升整体数据价值；利用算法和规则引擎处理数据、构建模型；利用传感器和云计算等进行实时计算和数据的可视化呈现，并对具体业务场景中的业务经营情况进行前瞻性的预测和分析。这将大大缩短预算编制的时间，大大提升预算数据的精准度，大大提高数据的认知效率，助力企业踏上数字化决策之路。

（1）新技术赋予预算管理以强大的数据基础

数据是预算管理的基础。有三类数据会对企业的经营造成影响，它们构成了场景化预测的数据基础，包括**财务小数据**、**业务中数据**和**互联网大数据**。财务小数据主要包括收入、成本、利润、资产、负债等企业财务口径的价值量数据；业务中数据是企业运营中产生的产品、客户、渠道、生产、研发等相关经营信息，既有价值量数据，也有实物量数据；互联网大数据是与企业所处行业相关的竞争环境、盈利模式、业务模式、客户消费模式等一系列内外部经营相关的信息流。

预算管理的本质是通过对未来经营情况的模拟"算赢未来"，是一套涵盖从业务预算到财务预算，从目标制定、预算编制、预算执行和控制到分析反馈、调整和评价的闭环体系。一方面，预算管理在构成上并不是以"财务小数据"为主，而是以"业务中数据"为基础，通过对业务计划的整合实现总体目标，同时需要用合理的预算逻辑将各类业务计划有效连接，形成服务于整体目标的行动计划与资源配置方案。另一方面，随着大数据、"互联网+"时代的到来，企业本身的生存环境发生了重大变化，企业壁垒变得越来越薄，甚至有可能被瞬间打破。外部经营环境的变化，导致企业获取资源的过程和内部交易的过程，都需要依赖外部大数据来定义客户，完成交易。有鉴于此，预算管理从目标到计划到预算到资源到行动的整个过程，已不仅仅包含财务小数据，而是涵盖了整体预算目标完成情况、关键行动方案、资源使用内外部对标、预算执行情况自评、外部市场的评价以及新一轮的循环。例如，对于预算目标制定，不仅要基于企业内部的财务小数据、业务中数据，更要结合企业所处行业、所处商业生态圈、企业未来的经营环境等多项内外部因素进行预测。

数据的获取越及时，数据越完整、质量越高，预算管理就越精准、越有效。然而，在实际中，这三类数据数量巨大、类型繁多、价值密度低、速度快、时效高，对数据的获取和处理均提出了很高的要求。过去，在大数据技术尚未获得突破性发展的阶段，受限于技术瓶颈，企业的数据口径不统一，数据不完整、不及时，数据质量低，使得预算数据的准确度低，难以对业务进行有力指导。而基于内存多维数据库、敏捷 BI、大数据等新技术，企业可以从物联网、云平台、存储设备、移动终端等多种渠道全面获取内外部的海量数据，通过 ETL、日志服务等技术完成数据收集，并将它们存储在数据库中，并可以经由分布式计算、内存计算等技术加速数据变现，将其全面应用于企业的业务经营和管理决策中，包括助力企业对具体业务的预测分析。及时、完整、真实的数据基础是确保预测结果有效和精准的前提条件。以元年 C1-Planning 系统为例，如图 3-1 所示，其采用当前令人瞩目的内存计算技术，直接从内存而非磁盘上读取数据，基于内存计算的多维数据库把数据完整保留于内存中，并通过优化的存储结构和算法处理海量数据和复杂逻辑，将用户的数据读写请求快速转换为内存读写和内存计算，不仅让财务系统的运算、传输速度、效率得到了极大提升，还使得系统性能不会因数据量的持续增加而发生衰减。

主要功能	战略规划	业务计划	预算预测	执行控制	分析考核
	战略制定	综合计划	经营预算	预算控制	经营分析
	中长期计划	重点任务	财务预算	标准控制	预测分析
	目标制定	进展反馈	滚动预测	审批控制	预算考核
	目标分解	计划分发	模拟测算	预警	绩效计算

平台服务

多维建模 内存计算 权限管理 流程引擎 数据可观化 机器学习 数据接口

数据服务 — 内存多维数据库

大数据平台 财务数据质量管理 机器学习引擎

数据库 业务系统 SOA,ESB…… 互联网 内容管理 文本休息

图 3-1 元年 C1-Planning 预算管理软件系统架构

（2）新技术赋予预算管理以智能快速建模能力

预算管理通过构建量化模型来模拟和还原特定业务场景的业务流程，以实现对具体业务在未来不同情况下的数据测算，如在企业的订货业务中构建供应链管理模型、在预算目标的制定和分解中构建目标测算模型等。因此，系统的建模能力和对模型的应用能力在很大程度上决定了预算结果的有效性。

过去，无论是手工模式下的 Excel 表格、ERP 系统中的预算模块，还是专业预算软件，均无法满足精准、实时的预算管理对模型的需求。以功能性、专业性相对较强的预算软件为例，尽管其基于传统 BI，可以支持复杂的运算过程和对数据的实时控制与分析，但基于传统技术架构的系统主要提供固定格式的报表工具，报表数据滞后，且牵一发而动全身，无法基于业务的变化做出快速响应，更无法满足具体业务端的个性化需求。

智能技术架构支撑的企业全新 IT 体系拥有强大的建模和计算引擎，企业可构建业务预测体系，快速制定针对特定业务场景的经营计划，及时响应复杂业务的变化并做出快速调整，并使用神经网络、规则归纳等技术发现数据之间的关系，做出基于数据的推断。举个例子，基于新技术，制造企业可根据实际情况设计机器学习算法，搭建模型进行智能化的库存优化、销售预测和产销平衡。

（3）新技术可实现对预算数据的可视化展现

预算管理的价值不仅由预测的数据和模型所决定，还与预测数据的展现方式密切相关。过去，我们习惯用一张张数据表单呈现预测结果。这些列满数据的图表看似具体、细致，却大大提高了管理人员的解读难度，从而降低了决策效率。管理人员可能需要花费大量时间努力从一张张预测报表、一堆堆的数据中发现问题，以做出正确的决策。

大道至简。如今，借助智能技术和前端数据分析技术，**管理者可以获取更简洁、更直观、更及时的可视化预测信息**。这些信息经由计算机基于使用者的需求进行筛选后，集中通过一个作战大屏得以展现。管理者可以基于场景化的大屏做出战略决策和经营管理决策，这将大大提升管理者的数据认知效率，提高决策的及时性和准确性。

3.1.2　从保战略到促业务

（1）预算导向从战略化到业务化

回顾预算管理的发展史，企业预算管理水平由低到高可分为四个阶段，分别为财务预算阶段、业务预算阶段、全面预算阶段和战略预算阶段。战略预算管理以战略为中心设计预算内容体系，并以战略为起点进行预算编制。作为预算管理的最高阶段，战略预算管理展现了传统预算管理体系以确保战略有效落地为最高目标的主导思想。

预算管理与战略的关系密不可分。预算管理是企业战略落地的"抓手"，也是实现企业战略的有效工具。然而，随着全球经济的发展和企业管理的进步，经济波动的周期越来越短，企业所面对的经营环境变化得越来越快，战略的能见度变得越来越低，这使得以企业整体战略为导向的中长期预测数据的准确性和有效性大大降低。企业要想在竞争激烈而又瞬息万变的市场环境下立于不败之地，需要具备对市场前端的变化响应得更快的速度。这无疑令预测数据的业务化、实时性和精细化变得尤为重要。

在数字技术时代，企业可获得数据的数量和质量，以及数据计算和数据分析能力均获得大幅提升，这使得预算管理和数据应用有了更多的可能。战略化不再是预算管理的唯一最高导向，预算与业务经营的融合更紧密，业务化变得越来越重要。企业将更加青睐周期更短、投入更少、见效更快、效益更高的预测。

（2）预算内容从全面化到场景化

毫无疑问，随着信息技术的发展，企业管理的精细化程度日益加深。精细化管理的本质意义在于它是一种对战略和目标进行分解、细化和落实的过程，是让企业的战略规划能有效贯彻到每个环节并发挥作用的过程。预算的本质是对未来事项的预计和测算。传统的企业级预算由于更强调预测数据内容的全面性，导致数据颗粒度往往较小，缺乏对企业经营的精细化指导。在预算业务化的发展趋势下，传统的企业级预算已日益独木难支。

预算业务化的特点是将数学算法运用到海量的数据上，以预测企业在某一具体业务活动中的不同可能，并用预测数据指导企业的具体经营和管理活动。过去受技术所限，企业预算系统难以获得及时、有效、完整的数据信息，难以有效支撑对具体业务的快速建模和计算，也无法实现对不同业务活动的定制化、可视化的数据展现。而随着智能技术将这一切变为可能，企业不仅可以更高效地完成企业级的全面预算管理，还能够分部门、分业务场景开展预算活动，使预算与业务进一步紧密融合，让预算赋能企业业务发展。

场景化预测是部门级、轻量化业务预算的具体表现形式。场景化预测将预测深入企业最基础的细分业务环节中，基于不同的业务场景设置模型，开展预测，并将预测数据反馈于对该场景业务的运营和决策。**场景化预算能够大大提升预测的精细度，并有力提升预测的科学性和数据的准确性，体现了管理的精细化要求。**在数字化转型的新时代，预算管理从企业级迈向部门级、从全面化走向场景化已成必然趋势。

（3）预算周期从年度化到滚动化

作为企业合理配置资源、确保战略落地的有效工具，传统预算自诞生以来，编制的内容一直以定长的年度预算为核心。这种预算管理模式保持了预算考核周期与企业会计年度的一致，可以确定年度目标并分解、落实到各责任主体，有利于公司战略的有效落地，具有不可替代的优越性。但同时，这种定长的预算管理也存在局限性。**在市场环境和企业经营相对稳定，短期变化不大的年代，年度预算能够更多地展现出其优势和价值，但是一旦企业市场环境和经营环境变化加快，这种预算管理模式的价值就会大大降低。**

2020 年新春伊始，一场突如其来的疫情让某集团预算部的小王措手不及。初步估算，疫情对集团的影响至少将贯穿整个第一季度，乃至整个上半年。这无疑会对刚刚结束的年度预算编制工作造成巨大的影响，刚刚敲定的年度预算还未开始执行就面临巨大调整！

从 2003 年的 SARS、2008 年的金融危机，到 2020 年的新冠疫情，突发事件不时造访，日益印证了一个事实：商业世界的格局越来越充满不稳定性、不确定性、复杂性和模糊性。在这一形势下，**强调固定性和更长周期的年度预算的价值日益被削弱，而更灵活、周期更短的滚动预测日益受到更多关注。**

传统管理会计体系中，滚动预测在企业中的应用并不广泛。即便是在已经应用滚动预测的企业中，落地效果也并不理想。这其中的原因除了管理层的认识和重视程度不够、员工协同和参与的积极性不高之外，更重要的是传统预算信息系统的性能难以满足滚动预测的工作要求。滚动预测涉及预算基础的随时更新及预算数据的频繁修正，计算量大，编制过程复杂，对预算系统与其他业务系统之间的集成性，以及预测数据的时效性和准确性都具有较高的要求。具体来说，滚动预测系统每天都面临不断增加的数据量和数据处理、数据分析事项，系统需要快速对这些事项做出反应。一旦数据响应速度慢、数据分析延后，滚动预测的价值就会大打折扣。而大多数预算信息系统的性能本身不足以满足滚动预测的这些要求。

不过，随着以智能技术为核心的新技术的迅猛发展，系统的数据存储、数据计算、数据分析能力均大幅提升。无论企业多频繁地改变预测数据，也无论企业对多大规模的预测数据进行调整，系统都可以确保数据读写、计算、存储、交互的敏捷性。

基于新一代智能预算管理平台，预算管理的周期正从过去以年、季度为基础，快速向以月、周、日甚至实时转变。这就为滚动预测创造了前所未有的应用基础。滚动预测具备了飞速发展和被广泛应用的理由和条件。

3.2　预算需要滚动起来

滚动预测又叫滚动预算。按照《管理会计应用指引第 201 号——滚动预算》给出的定义，滚动预测是指企业根据上一期预算执行情况和新的预测结果，按既定的预算编制周期和滚动频率，对原有的预算方案进行调整和补充，逐期滚动，持续推进的预算编制方法。通常而言，企业可以按年度、季度、月度等进行预算滚动。企业可以根据行业和市场等环节的变化剧烈程度，以及内部的管理和信息化基础，并结合企业的战略目标和业务性质，来合理选择预算的滚动周期和频率。

3.2.1　滚动预测让预算从"槽点"变"亮点"

通力电梯是世界上最大的电梯公司之一。在 2010 年之前，通力电梯供应线采用的是传统定期预算。由于市场的变化及不确定性，竞争日益激烈，为更好地把握市场变化，从 2010 年起，地处芬兰的供应线总部要求各地供应线的预算方式均改为滚动预测。滚动方式为"月份 + 季度"的混合滚动。

滚动预测的主要依据是变动的市场需求量。通力电梯前线工作人员每天都需统计电梯、扶梯订单量，分析订单量变化的影响因素，并随时与客户沟通，之后做出订单量预测。前线工作人员将预测的订单量细化为区域、规格等各方面的信息提供给供应线。供应线根据前线工作人员提供的数据并结合生产周期做出电梯、扶梯的产出数量预测。此外产品价格调整，及集团总部分摊给供应线的成本、原材料价格变动、生产效率、通货膨胀影响、员工调薪比例及外币汇率波动等影响都将纳入预算更新的假设基础中。

得益于滚动预测的应用，通力电梯的预算价值大大提升，滚动预测有力地指导了通力电梯的供应线运营，预算也因此由"槽点"变为"亮点"。

和年度预算相比，滚动预测的优点显而易见，主要体现在以下三个方面。[4]

（1）滚动预测可以提高预算的准确性

年度预算通常以一年为周期，一旦在公司通过，如不是遇到特殊情况，基本很少改变。年度预算有其刚性。但企业的经营活动往往是复杂的，在预算周期内，其经营环境、生产要素等方面往往存在很大的不确定性。这些因素的变化，很容易使企业的年度预算目标脱离现实，使业务发展与当初的设想相偏离。而相比于定期预算，滚动预测的最大特点便是具有动态性。在实施过程中，不断地修正、调整和延续预算，使得企业预算更切合实际。

（2）滚动预测能够克服预算的盲目性

由于受预算区间的限制，企业的管理者们往往会局限在其预算区间内进行经营活动，而通常不考虑下期。滚动预测恰恰有助于克服这种缺陷，因为滚动预测在执行过程中，始终会保持一个固定的预算周期。以季度预算为例，每经过一个月，就根据已经掌握的新情况对后几个月的预算进行调整和修正，并在原来的预算期末随机补充一个月的预算。随着时间的推移，原来较粗略的预算就逐渐变精细，同时，又补充新的较粗略的预算，如此往复，不断滚动。而且从人们认知事物的客观规律上来讲，人们认识某项事物也通常是一个由粗到细、由大概到具体的过程，这一点和滚动预测的特点恰好契合。所以说，滚动预测的应用，更符合人们认知事物的客观规律，能够避免人们过分僵化地编制和执行预算。

（3）滚动预测能够减少部门博弈

众所周知，年度预算近些年最被诟病的一个原因，就是会带来部门博弈。在编制年度预算时，各部门难免要抢资源，都强调自己下一年的支出不可或缺，以争取足够多的预算额度。公司管理层和执行层之间的博弈，不仅容易造成预算失真，而且久而久之，还会增加彼此之间的不信任感。而做滚动预测则不一样，因为它主要在技术层面应用，不太会成为考核手段，不带有博弈的功能，人们做滚动预测时心里会相对轻松。滚动预测可以有效地减少人为粉饰因素，还原未来一段时期企业经营的真实面貌，从而为企业管理层的决策提供参考。

3.2.2　编制滚动预测的五大要求

总的来看，滚动预测的编制作为一个系统化的复杂计算过程，需要同社会的经济发展和企业自身的状况联系起来，从整体方面进行统筹规划。在企业滚动预测落地的过程中，需要注意的问题如下。

其一，滚动预测需要全员参与。在实践中，很多业务人员会认为预算是财务部门的事，业务部门往往置身事外，或者仅仅给财务部门提供部分支持。但实际上，滚动预测要做好，业务部门往往扮演着核心角色。这要求业务部门必须深度参与企业的预算管理工作，并且企业一把手也必须统领滚动预测工作。如果各级部门和业务经理将预算视为一个促使业务系统思考并计划、安排明年工作和资源的手段，将预算管理视为达到自身部门目标的精细化工具，那么企业业务人员就会倾向于更积极地运用这个工具。从此角度看，预算管理不仅是"控我"，更是"帮我"。

其二，滚动预测的编制需要和企业日常的经营计划和业务安排合二为一。每家企业通常都会做相应的经营规划和工作规划等，它们是预算的重要基础。如果企业在推行滚动预测的过程中，没有把企业的预测计划和滚动预测进行有效连接，而是将计划和预算搞成两张皮，那么推行滚动预测时业务部门需要做两遍业务计划。这样不仅会降低预算效率，同时还会增强业务部门的抵触情绪，使得滚动预测并不能达到预期效果。只有将滚动预测和企业的经营计划、业务预测等有效协同，滚动预测才能更好地实施并发挥作用。

其三，滚动预测的编制需要充分考虑以后年度的状况，给其预算编制留出一定的周旋变化的空间，特别是针对经营环境的变化可以按照乐观和谨慎两种方案进行详细的分析预测。同时，需要考虑经营过程中所面临的各种风险，有效控制风险发生所产生的负面影响，最大限度地降低经济风险的损害程度，最后还需要关注预算编制所产生的后续影响。

其四，企业在经营管理的过程中，为了实现预算平衡的目的，以及企业制定的经济目标，在滚动预测编制中需要按照由近及远、由粗到细的步骤逐步展开。企业在进行滚动预测时，需要根据实际情况将预算逐步扩大。如果无法做到科学地计算滚动预测，年末预算也无法进行，预算没有进入项目库将不会产生预算支出。

其五，滚动预测的假设基础认定一定要尽量准确。无论是全面的季度、年度预算还是月度预算调整，合理和相对准确的假设基础认定都是有效的预算结果的保障。滚动预测必须基于大量的、准确的业务数据。因此，企业在进行滚动预测编制和调整时，需要对企业所处的宏观市场（行业状况等）进行细致分析，同时结合自身的行业地位和产品策略等，确认预算期内的重大事件，分析自身所处的阶段，以提高预测和预算编制的准确性。

3.2.3　更快、更细、更远的"T+3"滚动预测

尽管相较于年度预算，滚动预测具备明显的优势，但滚动预测在应用中也存在两大技术上难以解决的问题。一是资源消耗大。滚动预测的很多数据均来自业务端，每期需要投入大量一线人力填写当期计划数据，滚动周期越短，在时间、人力上的投入相应越大。二是准确性不足。当期很准，下一期就差一些，再下一期则差很多，财务部门后期还要做很多补充性调整才能令数据合理化，传统的单滚动预测模式见图 3-2。

在智能技术的推动下，滚动预算也在发生着迭代和升级，而图 3-3 中的"T+3"滚动预测就是传统滚动预测在数字化时代的创新和优化。它融合

了数据实时/批量加载、机器学习、知识图谱、千万级数据亚秒聚合等新技术，在进一步提升滚动预测应用价值的同时，可以有效降低应用的难度，已在较多企业获得成功应用，是滚动预测发展的理想模式。

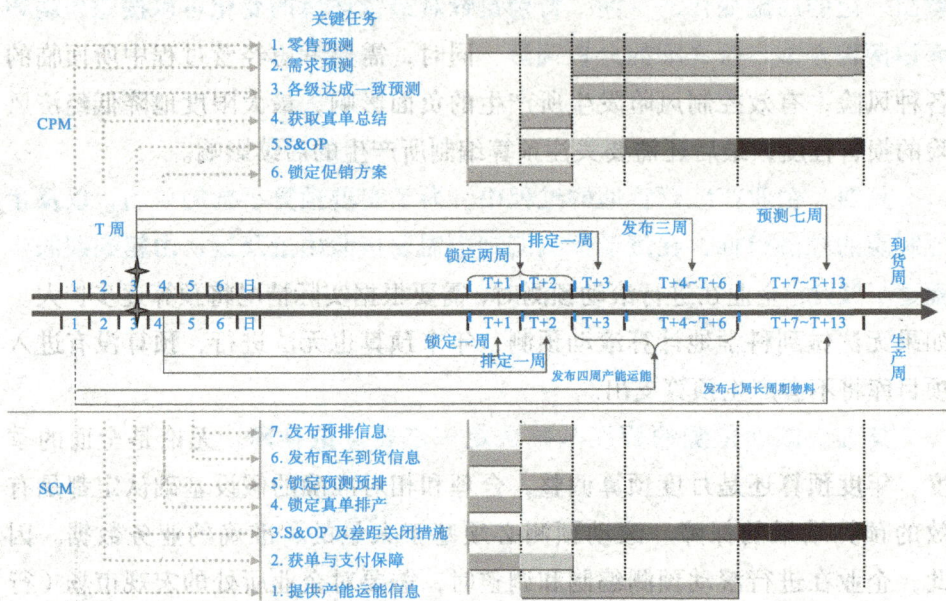

图 3-2　传统的单滚动预测模式

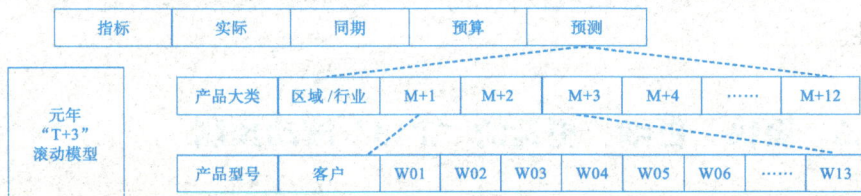

图 3-3　"T+3" 滚动预测模型

"T+3" 滚动预测根据人们对未来预测 "近期把握大、远期把握小" 的规律，将预测精力放在最近 3 个月的预测上，主动放弃 3 个月以上预测的精细度，从而大大降低滚动预测编制的复杂度。具体来说， "T+3" 滚动预测基于 "近细远粗" 的原则，建立基于企业业务计划（订单计划、销售计划）和业务预测（订单预测、销售预测）的预测逻辑和预测模型，形成涵盖 "上月实际数 + 后 3 个月精确滚动预测 + 剩余期间粗略滚动预测" 的预测结果，能够为企业管理层和业务部门提供充分的决策支持和业务指导。

总体来看，"T+3"滚动预测的核心思想可以总结为三点——"频率快、数据细、眼光远"。

频率快指从季度滚动升级为月度滚动，具备条件的企业可以尝试以"周"为单位的短期滚动。

数据细指预测的维度和粒度可以尽可能地细化到与日常的运营计划保持一致。

眼光远指预测的周期要足够长。当前，绝大多数国内企业都是年度内滚动，如现在是 11 月，就只能滚动到 12 月。而"T+3"滚动预测建议企业做定长滚动，一般是滚动到未来的 12 个月。

需要指出的是，滚动预测尽管具有年度预算所无法比拟的优势，也同样具有自身无法克服的缺陷，如适用性、短期性等，无法取代年度预算。在企业管控层面上，以目标测算为基础编制年度预算，按照一定的模型进行责任主体目标的分摊和落实；在运营层面上，主要采用滚动预测，各责任主体通过滚动预测系统及时反馈市场波动的影响和实际经营数据，通过有效的运营达成预算目标。这应该是未来企业预算体系的标准架构。

3.2.4　用滚动预测指导企业完成生产经营计划

案例

中国有色集团（广西）平桂飞碟股份有限公司（下文简称"平桂飞碟"）是一家制造型企业，主要生产钛白粉、黑钨精矿、氧化铁红、氧化钪等产品。企业的生产经营主要包括生产、销售等环节，所以滚动预测包括销售预测、生产成本预测、销售成本预测、费用预测、损益预测等内容。企业编制年度预算后，会将年度预算目标分解到 12 个月中，结合实际经营计划调整预算。企业实行的月度滚动预测可以有效指导每个月的实际生产经营计划。通过这个过程，企业完成短期内经营管理。

假设平桂飞碟滚动预测采用的是标准滚动预测，如图 3-4 所示，则预算期始终保持 12 月的时间跨度。每过去一期，需要编制 12 个月的预算，事先预测企业未来的一年或当年的经营活动难度很大，准确度较低，实际意义不大，这样的滚动预测无法与年度预算联动。所以平桂飞碟最终采用了第二种优化的滚动预测，如图 3-5 所示。

2014/01/01	2014 年										
1 月	2 月	3 月	4 月	5 月	6 月	7 月	8 月	9 月	10 月	11 月	12 月

Σ（预测动因量 × 标准定额）+ 固定成本 + 特定调整

2014/02/01	向后滚动	2014 年									2015 年
2 月	3 月	4 月	5 月	6 月	7 月	8 月	9 月	10 月	11 月	12 月	1 月

Σ（预测动因量 × 标准定额）+ 固定成本 + 特定调整

2014/03/01	向后滚动	2014 年								2015 年	
3 月	4 月	5 月	6 月	7 月	8 月	9 月	10 月	11 月	12 月	1 月	2 月

Σ（预测动因量 × 标准定额）+ 固定成本 + 特定调整

图 3-4　标准的滚动预测

2014/01/01	2014 年成本预算		
一季度	二季度	三季度	四季度

Σ（预测动因量 × 标准定额）　+ 固定成本 + 特定调整 = 基期预算

向前滚动　2014/03/31　向后滚动

一季度	二季度	三季度	四季度
Σ（实际动因量 × 标准定额）		Σ（预测动因量 × 标准定额）	

+ 固定成本 + 特定调整 = 中期预算 1

向前滚动　2014/06/30　向后滚动

一季度	二季度	三季度	四季度
Σ（实际动因量 × 标准定额）		Σ（预测动因量 × 标准定额）	

+ 固定成本 + 特定调整 = 中期预算 2

向前滚动　2014/09/30　向后滚动

一季度	二季度	三季度	四季度
Σ（实际动因量 × 标准定额）			Σ（预测动因量 × 标准定额）

+ 固定成本 + 特定调整 = 中期预算 3

向前滚动　2014/12/31

一季度	二季度	三季度	四季度
Σ（实际动因量 × 标准定额）			

+ 固定成本 + 特定调整 = 期末预算

图 3-5　年度内的滚动预测

　　企业通过对动因量的调整实现预算的动态调整，每过去一月，针对已经完成月份的实际完成值，重新调整未来月份的动因预算，对全年预算进行调整。例如，在预算调整的 n 月初，根据过去月份（1 月至 $n-1$ 月）的实际动因量修正前期预算，依据未来月份（n 月至 12 月）的动因量调整后期预算。前期预算和后期预算之和就是最新的中期预算。调整过程如图 3-5 所示，会有三次中期调整，在年度预算的期间进行前后滚动，最终形成年末预算，即全年考核和评价所依据的预算。优化后的滚动预测可以较好实现滚动预测的动静结合，解决标准滚动预测与年度预算脱节、无法联动的问题。市场变化不大、动因量小的时候，全年预算会稳定在某个固定值附近。市场变化较大时，调整动因量，实现预算与市场实际情况的匹配。

案例

H 集团是一家国内大型家电企业，它的滚动预测是采用精确预测和粗略预测相结合的方式进行的，包括 3 个月的精确预测和当年余下月份的粗略预测。其中，3 个月的精确预测采用的是 13 周（3 个月）的定长滚动。

H 集团滚动预测主要关注损益预测，分为三类数据——实际数据、精确预测数据和粗略预测数据，按天进行滚动预测。每天下午 5 点，预算系统会自动接收集团各单位前一天的实际损益数据，同时精确预测数据和粗略预测数据往后滚动一天。

而精确预测数据，则接口 H 集团的订单系统，然后系统通过精确滚动预测模型，计算出相应的损益结果。H 集团精确滚动预测，每天接口订单系统，转化成为销售计划，然后根据"零库存"、产销关系等形成生产滚动预测。通过既定的（Bill of Material，即物料清单）bom 关系，计算出这些订单所消耗的成本、物料和人力等，然后根据调整后的费用，最终形成本期订单的损益预测。

粗略预测适用于与市场相关性不大的数据，可以直接衔接预算数据。

H 集团在滚动预测模型中，同样基于业务数据进行预测。它将一线的订单信息、生产信息和采购信息等录入滚动预测的模型，然后用模型直接反映损益情况。这样，不仅能够真实反映市场情况，真实地传递一线的市场信息，并且可以通过预算预测的模型将其反映到本期的损益上。这样，一方面可以让上层领导及时看到最为有效的数据，便于及时更新经营决策；另一方面可以将订单等信息输入滚动预测系统，通过模型输出相应的资源配置数据，如材料的消耗、费用的支出等，便于对采购、人工进行调整。

3.3　预测要用在实际业务中

3.3.1　任何预测都脱离不了在实际场景中的应用

场景，其实就是什么人什么时间在什么地点出于什么目的做了什么事。人物、时间、地点、目的和事件构成了一个具体的画面，这个画面就是场景。**场景化预测就是基于企业生产经营的具体场景做出的预测**。

场景化预测并不神秘。零售企业基于某商品在各区域的销售量规划配货，房地产企业对所持有房产的价值进行管理以明确项目进度和规划，制造企业依据某产品的历史订单量规划未来的生产……在这些常见的工作场景中，企业其实已经在应用场景化预测为业务经营提供支持。

任何企业的管理都脱离不了实际场景的运用。企业经营是一个个具体的场景串联叠加的结果。理解场景是解决问题的前提。站在管理的维度上，以数据为反馈依据，将场景与场景串联，是最直接管控业务进程、提升运营效益的有效路径。

现代管理学认为，科学化管理有三个层次：**第一个层次是规范化，第二个层次是精细化，第三个层次是个性化**。场景化预测既体现了管理的精细化，又体现了管理的个性化。

场景化预测能够有力提升预算的颗粒度，体现了管理的精细化。

精细化管理的本质意义在于它是一种对战略和目标进行分解、细化和落实的过程，是让企业的战略规划能有效贯彻到每个环节并发挥作用的过程。预算的本质是对未来事项的预计和测算。而传统的企业级预算由于更强调预测数据的全面性，数据颗粒度较大，缺乏对企业经营的精细化指导。场景化预测将预测深入企业最基础的细分业务环节中，基于不同的业务场景设置模型，开展预测，并将预测数据反馈于对该场景业务的运营和决策，大大提升了预测的精细度，有力提升了预测的科学性和数据的准确性，体现了管理的精细化要求。

场景化预测实现了业务与财务的真正融合，体现了管理的个性化。

预算管理诞生之后，迅速受到广泛的认可和应用，成为企业核心的管理工具之一。与此同时，针对预算管理的非议一直如影随形。很多企业有这样的困惑：不执行预算管理不行，执行预算管理无用；最根本的原因就在于传统的企业级预算管理与业务经营脱节，难以实现业财融合。企业级预算站在企业全局考虑问题，而企业的组织架构和业务经营活动具有复杂性，企业级预算难以结合不同部门、不同业务的个性化特点对不同情境下不同预测模型及影响因子进行合理选择，难以对企业具体的业务经营活动做出有效指导。场景化预测则将预算直接下沉至具体的工作场景中，让预算与具体业务紧密联系，从根本上弥合了业务与财务的鸿沟。这令其能够在瞬息万变的市场环境中，基于不同部门、不同业务的具体特点进行情景模拟和数据测算，从而有效提升企业决策的正确性和效率。

3.3.2　会用场景化预测的管理者这样做决策

场景化是预算管理发展的必由之路，也将彻底改变预算管理的面貌。一旦预算管理从贯穿企业业务全过程、全内容的场景化，拓展到不同部门业务过程的场景化，我们将会看到预测的数据变得更及时、更精准、更智能、更易用。将业务数据化、场景化的预测，正在连接企业的现在与未来。

让我们来看看以下两个例子。

场景 1：“李总，东区有一个新地块拟竞拍。但是我们和运营部门经过初步评估后，意见有分歧。请您决定咱们是否要参与竞拍。”月度汇报会上，某房地产集团投资部的张经理拿出一沓资料，认真地做着汇报。李总越听眉头拧得越紧。“目前的信息有点散乱，可能大家还要努努力，把数据做得更细致一些，我暂时不好下结论。”李总最后说。

投资能力是房地产企业的核心竞争力之一，投前管理则是房地产企业运营管控中的重要环节。面对一个新地块，企业要不要拿地，以何种代价拿地，拿地后如何开发，都必须依靠投前管理。倘若不能进行科学、精确的投前测算，企业在新项目拿地和开工的决策中都将失去较为关键的依据。

然而，当前，房地产企业在投前管理中普遍存在管控规则无效、边界不清晰、数据不准确、缺乏历史数据沉淀、缺乏过程监控、投资活动未形成闭环等问题，投前管理的不准确、不及时，部门"打架"、拍脑门决策等现象时有出现。

通过构建投资测算系统，企业可针对各拟拿地项目进行全周期规划，测算项目的现金流和盈利指标，辅助企业判断投资项目的可行性。

在上述房地产集团的会议场景中，如果应用了投前测算，企业就可以基于历史数据，结合该地块的基本情况以及运营部门对该地块的初步规划和推进节奏等，充分考虑项目成本、融资渠道、销售进度等因素的不同情况，通过对基础数据的多版本敏感测算，自动生成不同版本的模拟投资测算表和现金流量测算表，为管理层提供是否拿地的快速决策支持。

场景2："这款皮鞋在B区还有5 000件库存，可是在A区一周前就卖断货了，你们都是怎么配货的？"面对3月各门店的销售数据，某知名鞋类品牌公司的赵总大发雷霆！

鞋类销售具有很强的季节性、地域性和配套性，对预测的时效性和协调性有很高的要求。多数连锁经营门店难以准确把握补货结构、数量和时间。同时，滞销库存又严重影响企业盈利。这一难题源于不确定的销售和有限供应之间的矛盾。企业如果无法及时、准确预测市场需求和产品生命周期的变化，并据此匹配需求计划和供应计划，就会如上述公司一样，陷入滞销和缺货并存的窘境。

不仅是鞋类企业正面临供应链的挑战。事实上，所有企业的供应链人员都在面临更快的产品迭代、更个性化的产品诉求及更高的产品品质要求。为及时响应客户需求，企业供应链端通常会陷入各种突发事务，"救火式"调整生产、采购等供应链决策已成为很多企业的常态。

向供应链管理场景中引入智能预测决策系统可以高效地解决上述难题。智能供应链预测决策系统是在达到企业盈利、效率、竞争等要求下持续地满足市场需求的总体销售和生产等计划，它包含决策层以要货预测、产能限制、库存安排等为依据定期协同销售、生产、采购、计划等部门的一系列管理活动。基于多维度内存计算和大数据平台，企业可重构预测和分析能力，构建全局供应链计划体系，快速制定可行的分销计划，并主动管控供应链风险。通过应用AI（Aritificial Intelligence，人工智能）大数据技术以及各种优化算法，企业可实现自动补货、自动配货、自动调拨，系统可模拟计算出不同情况下的最优处理方式。

数据已经成为企业最重要的战略资源。但数据的核心要义，并非单纯的速度与算法的更快、更强，而是充分与场景结合，让企业在对的场景用对的数据做出对的决策。未来，随着企业数字化转型的推进，企业将逐步实现所有场景数据化。**精准的场景化预测数据，将成为企业应对数字化变革的一枚利器。**

第 **4** 章

智能化制造工厂
的新成本管理

在新疆塔里木盆地广袤的大地上，中石化西北油田的几十座站库、变电站实现了无人值守，星罗棋布的油井上没有太多现场管理人员，而出油量、状态、温度、颜色等各类油品数据都通过物联网实时自动化地进行采集汇总，油田财务人员基于这些数据开展成本管理工作……

这仅仅是新一代信息技术与工业技术高度融合下，中国智能化制造工厂的一个缩影。科技改变了企业价值链环节上所有信息的获取、开发和应用模式，智能制造成为全球制造业变革的重要方向，成本管理也进入智能化管理时代。

4.1　信息技术驱动成本变革

4.1.1　成本管理的百年变迁

成本作为企业价值创造的源泉，也是企业产生利润的驱动力。资源以成本的形式完成价值创造，进而通过收入的实现完成价值的转移。成本管理作为企业管理的一个分支，是指企业在营运过程中实施的成本预测、成本决策、成本计划、成本控制、成本核算、成本分析和成本考核等一系列管理活动的总称。成本管理通过充分动员和组织企业全体人员，在保证产品质量的前提下，对生产经营过程的各个环节进行科学、合理的管理，力求以最少的生产耗费取得最大的生产成果。

成本管理的思想第一次获得快速发展是在第一次工业革命时期。1911年美国管理学家泰勒在《科学管理原理》一书中提出了"以计件工资和标准化工作原理来控制工人生产效率"的思想，随后标准成本、差异分析等方法应运而生。美国"钢铁大王"安德鲁·卡内基在回忆录中曾写下这段话："先进的机器、完美的规划、熟练的工人、出色的经理，这一切保证了我们的巨大成功……根据我们钢铁厂的经验，我们知道精确的会计制度意味着什么。在生产过程中，原料从一个部门转移到另一个部门，都有员工进行核对，没有比这种做法更能提高利润的了。"这生动地诠释了成本管理在工业 2.0 时代的巨大价值。

在 20 世纪 80 年代之前，企业所面临的外部经营环境相对稳定，产品标准化、品种单一并大批量生产，企业的成本管理思想主要来自以生产者为中心追求利润的"规模经济"时代。计算机尚未在企业管理中获得广泛应用，成本管理主要通过标准成本法、责任成本法等工具方法对生产成本、期间费用、资产的耗费等各项成本等进行管理。

20 世纪 80 年代之后 90 年代之前，企业所面临的外部经营环境日趋复杂化，客户需求变得多样化，企业从以追求规模经济为目标的大批量生产转变为对客户多样化需求做出迅速反应的"弹性制造"。同时，信息技术开始获得广泛应用，使成本管理能够影响作业水平，尽可能消除非增值作业，提高作业效率，作业成本管理法（Activity-Based Costing Management，ABC）由此产生。

20 世纪 90 年代之后，随着全球经济一体化格局的形成，企业所面对的市场竞争进一步加剧。同时，信息技术获得广泛应用，对成本管理的影响日趋加大。企业开始打破围墙，站在更高的战略层面，从上下游产业链的全环节考虑成本管理问题。

另外，随着竞争环境的日益复杂化和市场竞争的日趋激烈，成本管理的范围也已经由企业内部扩展到外部，企业战略的不同选择，越来越直接地影响着企业成本战略的选择。企业的成本管理应跳出经营性成本的范畴，站在战略的高度更全面、细致、准确地去规划和控制成本。站在这一角度而言，未来借助信息技术的发展，关注长期发展、更具前瞻性的战略成本管理拥有广阔的应用前景。

近年来，随着各行业的纵深发展和新一代信息技术日新月异的进步，企业的经营环境日益复杂多变，竞争更加激烈，使得企业在运营上日益"以客户为中心"。面对更加个性化且变化节奏更快的客户需求，企业越来越多地采用"定制化生产"模式。依靠"规模经济"创造成本优势的传统模式基本失灵，直接成本在企业成本中所占比重迅速下降，企业成本管理的重点转变为如何控制或转嫁激增的研发成本和固定成本投入。

4.1.2　新技术给成本管理插上发展之翼

对于成本管理而言，新一代信息技术所带来的最根本改变就是将"现实的万物"和"虚拟的互联网"整合在一起，使企业能够实时、准确地获得更全面的成本信息，从而推动精细化成本管理的应用。

物联网是智能制造的基础设施，它已经悄无声息地渗透我们的生活。当我们满怀期盼地在淘宝查看商品的物流动态时，就有快递企业的一整套物联网系统在背后默默支撑；当我们在超市扫描价签结账时，商品的销售信息已实时传入超市管理系统。事实上，在工业生产领域，生产设备的所有数据——产量数据、生产线数据、作业数据等已经可以实时通过网络传输到企业 IT 系统中。在运输、入库、领用、制造、产成品入库、销售等所有环节中，企业可在多个管理节点采集成本数据并传入数据仓库，从而使生产成本计算变得可追踪，计算结果更科学、合理，财务人员也能准确掌握生产线上各作业环节的成本消耗，并基于大数据和智能技术实现对成本的动态核算预测、控制和分析。

物联网是通过射频识别、红外感应器、全球定位系统、激光扫描器等信息传感设备，按约定的协议，把任何物品与互联网相连接，进行信息交换和通信，以实现对物品的智能化识别、定位、跟踪、监控和管理的一种网络。物联网包含感知层、网络层和应用层。感知层负责物品识别和信息采集，一般二维码及标签、读写及视频设备、传感器等硬件基本属于感知层面的设备；网络层负责信息传递和处理，感知层获取的信息需要通过网络层传递到数据处理中心；应用层负责信息汇总、处理、分析、决策及应用，借助大数据、云计算等技术可以实现大量信息的存储和访问，不同的应用个体则有自身独立的应用系统，通过公共服务平台可大幅降低信息获取与处理成本。

物联网就是"物物相连的互联网"，它有两大特点：第一，物联网的核心和基础仍然是互联网，是在互联网基础上延伸和扩展的网络；第二，物联网的用户端延伸和扩展到在物品与物品之间进行信息交换和通信。

物联网将"现实的万物"和"虚拟的互联网"整合在一起，使人与物的信息能获得高效、智能的沟通，令精益化成本管理能够获得更深入的应用。第一，物联网为成本管理提供了真实、完整、实时的数据基础。第二，物联网使生产成本计算变得可追踪，计算结果更科学、合理，财务人员也能准确掌握生产线上各作业环节的成本消耗，并实现对成本的动态核算和管理。第三，物联网实现了成本管理工作的自动化。从物联网获得的数据可以与 RPA（Robotic Process Automation，机器人流程自动化）技术相结合，进一步延伸以实现自动化流程，实现数据赋能业务，降低成本，提高效率。一方面，新一代信息技术使得会计工作在一定程度上能实现自动化。例如，通过数据处理中心自动将收集来的物品位置、数量、状态、价值等变化，自动生成一系列原始凭证，很多常规的记账凭证甚至也可以依据这些原始凭证在信息系统中自动生成，这大大减少了会计人员的工作量，也在一定程度上提高了会计核算的客观性和准确度。另一方面，系统通过感应设备和技术，能够对物品自动识别、自动收集并分析物品在企业生产经营管理的若干环节的物理和价值等信息变化，结合会计信息系统自动生成会计原始凭证和记账凭证，进而使成本管理工作在一定程度上实现智能化。

4.2　智能制造与成本创新

智能制造日益成为未来制造业发展的重大趋势和核心内容。2016 年 12 月，工业和信息化部、财政部联合印发《智能制造发展规划（2016–2020 年）》，明确了"十三五"期间我国智能制造发展的指导思想、目标和重点任务。《中国制造 2025》明确提出，到 2025 年，我国制造业重点领域全面实现智能化，试点示范项目运营成本降低 50%。

　　智能制造是一种由智能机器和人类专家共同组成的人机一体化智能系统，在制造过程中能进行智能活动，将制造自动化的概念扩展到柔性化、智能化和高度集成化。智能制造改变了企业的生产方式，继而使企业的成本结构、成本管理对象、成本环境都发生了变化。在智能制造的背景下，企业的成本管理将面临一系列新的挑战，并呈现出新的内涵。

4.2.1　成本管理之问

（1）如何解决高质量与低成本的矛盾

　　随着新技术的发展，制造业的发展正在向智能制造转型升级。智能制造需要创造创新驱动、智能发展、质量成本和绿色制造四个新优势。其中质量成本是影响智能制造的基础性因素。

　　早在几十年前，质量管理大师戴明就已把质量和成本的逻辑关系解释得十分清楚，但时至今日，我国许多企业仍存在观念误区，认为高质量必然导致高成本。但实质上，产品成本不仅包括生产成本，还包括库存成本和返修成本等。综合来看，高质量未必带来高成本，而低质量却可能引发高成本。当前，企业面对的是一个竞争日益激烈的市场环境，产品品质比以往任何时候都显得更重要。因此，如何在保持高质量的同时实现低成本就成为企业生存发展的关键问题。

（2）如何在个性化、差异化的细分市场里达到成本最优

　　信息技术、大数据的发展改变了企业与客户之间的关系，减少了两者之间的信息不对称，加强了两者之间的相互联系和反馈，由此催生出消费者驱动的商业模式，孕育出大量新型的商业模式。企业不再是产品的单向供应方，客户也不再是产品的被动接受者。双方由遥远走向贴近——企业可以通过大数据找到客户的共性需求，通过互联网响应客户的个性化需求。但客户的哪些需求可以被响应，哪些需求应该被放弃，单件、单批次产品成本是多少，应控制在什么范围，研发环节是否能够承受加大投入，信息化、智能化制造设备的投资是否可行，材料成本需要控制在何种范围内……所有这些有关成本设计的问题，伴随着订单决策和产品设计的过程，都应迅速、及时、准确地给出答案。

（3）如何构建平台化企业的成本管控体系

随着移动互联网、物联网以及云计算和大数据技术的发展，生产制造领域将具备收集、传输及处理大数据的高级能力。企业运行机制发生巨变，产业链分工被重构。无论是制造业的参与者角色，制造的理念、模式，还是驱动力，都在被颠覆与重构——通过信息的耦合和更广泛的供应商的参与，企业成为平台化、信息化管理的现代新型企业。

平台化的核心是"以用户为中心"，通过"去中介化""去中间化"让产销、供需双方依托平台的服务生态系统进行直接对接，简化价值链流程，实现数据共享。从管理上来说，平台化企业带来了全新的组织架构和全新的运营模式，这必将改变传统的财务管理体系，包括传统成本管控体系等。成本管控要延伸到整个商业生态系统，并深入业务前端。成本信息的获得不仅要更快、更准确，还要更全面、更精细。

4.2.2　成本管理之势

智能制造的核心是信息化、智能化和定制化，同时又着力于加大研发投入、提倡绿色制造。站在企业内部考虑，新的智能制造模式需要精细化的成本核算体系提供详尽的成本数据，以帮助管理层进行生产设备改造投入和研发投入；定制化、个性化制造模式则需要企业能够准确核算单件、单批次产品成本以进行订单盈利分析和决策。这些都为成本管理的创新应用提供了广阔的空间。

（1）成本核算从规模化到个性化

众所周知，近些年企业进行成本管理之时，往往会尽可能地提高自身的规模化复制能力，进行大批量的产品生产。通过规模经济降低单位制造成本、摊薄研发及管理费用，是现代企业成本控制的一个重要特征。

然而，智能制造时代最大的特征之一便是个性化定制生产模式的兴起。这就对原有理念形成了根本性的挑战。在智能制造的大背景下，企业生产方式不再是大规模、批量化的，而是定制化、小批量的，这会显著减弱企业的规模效应，使得企业面临成本显著上升的风险。

在传统成本管理模式下，企业通常会根据成本计算对象，按照法规制度和企业管理的要求，并结合经验数据、行业标杆或实地测算的结果，对运营过程中实际发生的各种耗费按照规定的成本项目进行计算、归集与分摊。其中，确定不同成本计算对象的单位成本或平均成本，是传统成本核算的关键环节。

但在智能制造模式下，企业的产品大多是按照客户的个性化需求进行按单生产。在这种模式下，传统的大批量产品的平均成本和单位成本测算，已经变得不合时宜。这要求企业能够进行个性化的标准成本测算，准确核算单件、单批次产品成本，并进行成本归集与分摊，以帮助自身准确地进行订单盈利分析和决策。

（2）作业成本法迎来更大应用空间

近年来，随着企业经营环境的改变和先进生产技术在企业中的成功应用，企业的成本结构正在发生巨大的变化：直接人工成本占产品成本的比例逐渐下降，而固定制造费用的比例大幅上升。70年前，企业间接费用仅为直接人工成本的50%左右，而今天大多数企业的间接费用为直接人工成本的400%—500%；以往直接人工成本占产品成本的40%—50%，而今天在很多企业中这一比例不到10%。智能制造模式下，企业在自动化生产设备、技术研发、知识人才等方面均需大笔投入，这种变化趋势无疑还将增强，使得企业间接成本占比进一步提升，直接成本所占比例进一步下降。这一变化正在对成本的分摊、归集带来挑战。

同时，如前文所述，智能制造的最大特征之一便是个性化定制生产模式的兴起。而随着企业生产方式从大规模、批量化向定制化、小批量转变，企业的规模效应显著减弱，面临成本显著上升的风险。在这种环境下，如果企业继续采用早期大批量生产条件下计算和控制产品成本的方法，用在产品成本中占比越来越小的直接人工成本去分摊占比越来越大的制造费用，分摊越来越多与工时不相关的作业费用，并忽略批量不同产品实际耗费的差异，必将导致产品成本信息的严重失真，干扰产品决策，引发决策失误。由此，企业需要创新成本管理理念，建立一种新的成本分摊逻辑，动态地对成本进行个性化的计算、归集和分摊，以帮助自身准确地进行订单盈利分析和决策。作业成本法，便是一种合适的方法。作业成本法将成本计算深入作业层次，对企业所有作业活动追踪并动态反映，进行成本链分析，可以准确分配高额投入的设备投资、研发成本和人工成本等，在未来的企业成本体系中将拥有越来越重要的位置。

作业成本法对信息系统提出了较高要求，要求系统能够提供生产作业环节精细化、实时化的数据，并具有强大的数据采集、成本计算、成本分析、成本预测等功能。而物联网利用 RFID（Radio Frequency Identification，射频识别技术）实时追踪整个领料、生产、入库流程，及时更新产品信息，从而使生产成本计算变得可追踪，计算结果更科学、合理，财务人员能准确掌握生产线上各作业环节的成本消耗，并实现对成本的动态核算和管理，为作业成本法的深入应用提供了技术支撑。基于智能制造时代对成本管理的现实需求，以及新一代信息技术提供的有力支撑，作业成本法必将迎来广阔的应用空间。

（3）成本管理迈向即时化、动态化

在传统的成本管理体系下，企业的成本控制大多都是以日常生产经营活动为基础。无论是作业成本计算和产品成本计算，还是标准成本控制和本量利分析，其实都侧重于事后的成本管理控制。对事前的预测和决策的忽视，往往会导致成本管理难以充分发挥预防性作用。特别是在个性化、定制化的制造模式下，很多产品可能是一次性的，这意味着一旦产品在设计或生产的任何一个环节中阶段出现失误，其损失已经不可挽回。这就要求企业进行全程、动态成本管理。

很长时间以来，受限于信息技术条件，企业的信息基础普遍较为薄弱，数据归集、挖掘和利用能力较差，这使企业很难针对成本的变动趋势提供即时性信息，几乎不具备动态管理的条件。然而，现在，以人工智能、大数据为代表的新一代信息技术的快速发展使动态化的成本管理获得了关键的技术支撑。企业可以集聚内部"小数据"与外部"大数据"，实现对结构复杂、数量巨大的多维度成本数据的处理。同时，由于物联网等技术的大规模运用，企业产品的资源消耗、产量等各种信息都能够通过物联网准确、及时地传递到成本管理系统，帮助企业进行实时核算。这使得企业能够在产品设计、制造过程中对单件、单批次产品的实际成本进行及时、准确核

算和计算，将各个单项合同（费项）的实际成本与目标成本进行对应，可以掌握产品从设计成本、制造成本到合约规划成本等各项成本的变化趋势，及时分析成本偏差出现的原因，促进后期对成本的更有效控制，为企业及时进行成本决策提供支撑，并确保产品盈利目标的实现。

（4）开展全周期、全链条成本管理

众所周知，过去传统的成本管理往往倾向于中间环节，重点关注对生产过程中料、工、费的控制，意在精打细算，强调就事论事。但在智能制造的环境下，智能化使产品成本在设计阶段就已被很大程度地固定下来，令制造阶段成本可改善的空间与成果受到限制；而定制化令企业需基于订单安排设计和生产，对产品进行全成本管控。因此，产品设计研发和销售在作业链两端变得越来越重要，中间端的生产环节相对弱化，只重视生产过程的成本核算而轻视设计研发和销售环节的成本核算已经变得不再适宜。因此，成本管理不应再局限于生产耗费活动，而应将管理重心向前延伸到设计研发环节，向后扩展到服务环节，构建从需求、设计、生产再到销售、售后服务甚至产品回收再处置的全周期成本管理体系。

同时，随着近些年信息技术的快速进步，企业的生产和经营边界正在逐渐消失，企业产业链上下游的供应商、制造商、分销商以及零售商，通过物流、信息流，已经变为一个不可分割的有机主体。合理设计和管理各供应环节，有助于企业实现成本最优化。因此，企业在进行成本管理时，还需构建全链条成本管理体系，从全产业链的角度开展成本控制。

（5）成本管理与商业模式和流水线相匹配

在平台化企业运营模式下，企业管理的触觉必须延展至整个商业生态系统，企业成本的管控必须跳出内部延展到外部。同时，在工业4.0时代，成本管理不再是单纯的管控，而已上升到成本设计和成本管控的耦合阶段。由此，对战略成本进行设计和管控成为必然。基于商业模式的日趋复杂，以及流水线作业的日趋自动化、智能化，战略成本管理要更深入业务，实现与业务的更紧密结合，做到反映业务情况、引导业务发展，其运行要与企业的商业模式和流水线相匹配。

4.3　打造精益成本管理新模式

在探讨智能化成本管理的具体应用之前，我们先来看几个案例。

4.3.1　智慧分析判断＋智能生产制造

协鑫集成科技股份有限公司（下称协鑫集成）是一家光伏行业企业。为有效控制成本，公司主动应用大数据、物联网等新一代信息技术，开展智能制造背景下的成本管理升级。

（1）实现数据的自动归集、加工和流动

协鑫集成依托工业传感器、自动化设备、工业互联网实现数据实时自动采集，在系统中开展数据的自动归集和加工，并通过对数据的传输与共享，实现供需的实时匹配和无缝对接。

（2）实现智能化、精益化的成本管控

协鑫集成一方面将大量来自机器设备、业务系统、产品模型、生产过程中的实时数据汇集到大数据平台；另一方面，将技术、知识、经验和方法以模型的形式沉淀到平台，形成不断迭代的知识库。以此为基础，对数据进行分类组合、挖掘展现，建造智能化工厂，优化产品结构和技术工艺，降低成本。

（3）实现精益成本管理

协鑫集成基于对历史差异化数据的收集、整理和分析，通过在系统中构建模型，开展不同情景下的模拟测算，找出最优工艺方案，并给出相应的预计成本。同时，公司将成本管理直接前置到接单环节，在对客户订单需求分析的过程中，依托智能成本决策模型，快速测算出满足客户需求的最低成本方案和成本预测数据，实现精益成本管理。

4.3.2　产品还没有成形，就开始成本管理

　　白酒成本费用的管理主要从控制原材料成本、工资费用、制造费用入手。其中对原材料成本的控制，主要从集中采购降低玉米、高粱等材料采购价格，减少库存，降低生产耗费等环节入手；对工资费用的控制，主要通过提高劳动生产率或控制效益与工资的同步增长，以降低单位产品中的工资比重来实现降低产品成本的目的；对制造费用的控制，如设备的维修费、折旧费、车间人员的工资等，通过加强对生产过程中的费用控制，减少不必要的浪费。

　　上述传统成本控制手段关注的更多是生产经营活动中的价值耗费，但它对决定成本高低的因素分析并不够全面，无形中遮挡了管理者的视野。

　　正是基于以上考虑，古井集团将成本控制向前移了一个环节——从设计环节就开始成本控制。因为设计环节决定了产品80%的成本，理应是企业控制产品成本的首要关注点。这样，古井集团就形成了企业内部成本控制的闭环，从设计、采购、生产、物流的全过程控制来实现成本的节约。在设计之初，古井集团就考虑到材料的可生产性、产品的流水线适应性、储存的仓库占比、物流的成本等因素，以降低全系统的成本。在采购时不仅要考虑材料单价的高低，更要考虑供应的及时性，以此减少原料的库存占用，同时还要保障原料的质量，以降低后续的质量成本，包括原料不合格的返工成本、鉴定成本、出厂之后出现问题的索赔成本等。

　　以古井集团酒瓶瓶口与瓶盖的标准化设计为例，众所周知，酒瓶是白酒文化的重要组成部分，古井集团每年除了巩固成熟的系列产品外，还会不断尝试开发众多的新产品，而这些新产品与成熟产品的重要区别之一就是酒瓶的不同。对于酒企来说，目前我国的酒瓶通常是开发部设计出外形，审查通过后即制作瓶身及瓶盖，而瓶口并未考虑靠拢某一标准，致使瓶口、瓶盖种类繁多，成本增加，而且易出现配合不良的情况，更增加了无形成本。

　　为了解决酒瓶瓶口与瓶盖的配合问题，古井集团如今在设计环节就进行控制，走统一的标准化之路。无论什么酒瓶，瓶口均保持一致，虽然只是一个小小的设计改变，但带来的益处却是巨大的：首先是互换性好，同

一规格的瓶口可随意换用相应规格的瓶盖，而且，瓶口或瓶盖的模具也可互换；有时，制作瓶身不同，但瓶口跟原来的瓶子相同，则瓶口模具仍可使用原有的，这样有利于降低包装物成本，缩短交货期，同时还可以使瓶口与瓶盖的配合良好，避免泄漏。

此外，古井集团的成本控制也没有局限于公司内部活动，而是从产业链角度向上寻根溯源，将成本管制拓展到企业外部，实行全产业链成本控制。

例如，在纸箱采购方面，在我国绿色发展、创新发展的大形势下，古井集团的很多供应商环保压力加大，很多企业面临关停风险，急需资金进行产能升级和环保设备升级。对此，古井集团并没有局限于招标采购这种市场行为，通过合同关系来维持与供应商之间的交易，而是与包材供应商建立价值链，以长期合作、战略联盟、参股、合营等多种递进形式形成与供应商之间的"纽带"关系，节约采购交易成本，提高供应效率。

具体而言，古井集团通过以下三种方式降低成本：**一是举办包材供应商同行之间的交流会，互相取长补短，同时运用古井集团作为国企长期规范管理的优势来提升供应商效率；二是集合同类型供应商的资源，选择大宗原料与供应商的供应商进行谈判，帮助供应商节约成本；三是利用古井集团自身的资金优势，为供应商采购提供服务，促进采购活动的顺利进行。**通过这一系列措施，一个以古井集团为核心的良性产业生态系统由此形成，古井集团与供应商之间的黏性也得到了增强，使得企业成本更低且合作更稳定、更有保障。

4.3.3　用"大"数据解决"小"问题[5]

2019 年年初，A 保险公司在其共享平台上的采购商城系统中加入了一系列特殊的商品供员工采购，内部资源交易模式见图 4-1。这些商品是企业的公共资源，大致包括公用资源使用权、内部人员借用的使用权、专项业务资源使用权（包括活动、会议、专项项目）、公用物资领用等。系统对这些商品按时间或数量进行明码标价。业务人员在使用资源之前需在线操作购买相应商品，输入使用时间、使用数量、具体事项完成下单采购，系统自动生成费用总额并将成本归集计入相应部门，内部资源交易流程见图 4-2。以会议室的使用为例，业务人员在商城系统中录入交易主体、使用时间段等信息，系统自动按照预制的单价核算金额，确认后自动进行成本归集。

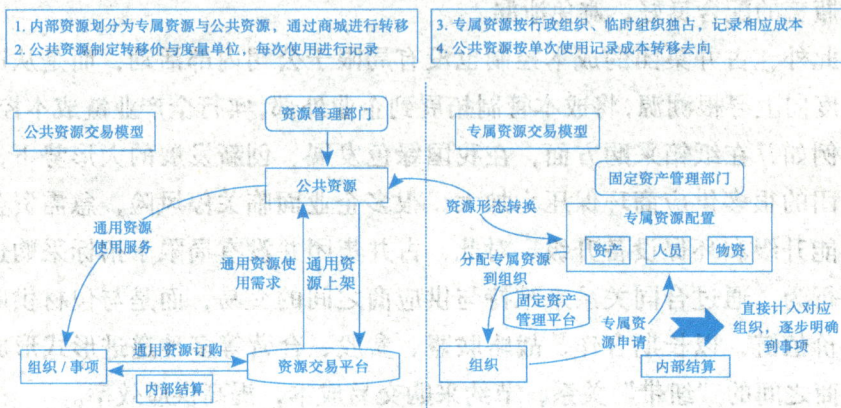

图 4-1　内部资源交易模式

几乎所有的企业在管理中都会碰到同样一个难题，就是公共成本的分摊问题。实际工作中，企业分摊公共成本的方法五花八门。有的企业根据成本动因进行分摊，有的企业根据工时比例进行分摊，有的企业根据人员比例进行分摊，有的企业根据业务量比例进行分摊。然而，无论采用何种动因和方法，即使是采用作业成本法对成本动因进行追踪并据此完成分摊，由于该类成本的使用对象复杂、成本发生过程零散琐碎、成本与分摊对象的因果关系往往难以被准确追踪，基于前述瓶颈所限，成本分摊大多建立在因果关系不太明确的分摊标准之上，带有一定的假设性，只是对成本基于一定逻辑的大致估算，很难准确反映实际资源的消耗情况。

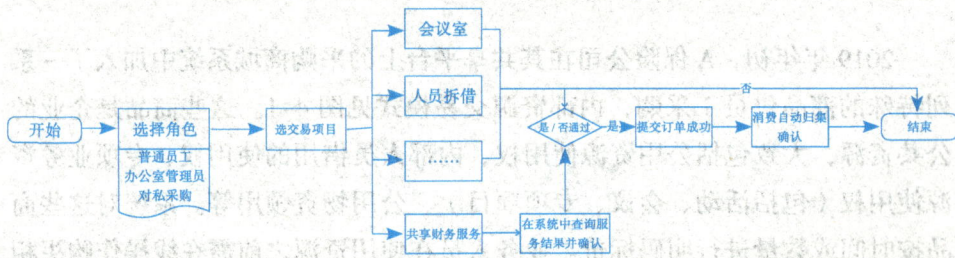

图 4-2　内部资源交易流程

就拿车辆资源来说，公车作为企业的一项固定资产，在核算上通常以每期提取的固定折旧费加上车辆使用中产生的各项费用之和计入使用成本。企业在进行公车成本分摊时，成本管理较粗犷的企业可能会简单基于单一的分配比例，如按业务总量的比例等对该项成本进行大致分摊。成本管理较细致一些的企业，可能会根据车辆使用记录，依据用车人所属部门追踪成本动因和成本对象，并根据各部门当期使用次数比例对车辆使用成本进行分摊。然而，即便如此，企业往往只能通过使用次数大致确定成本金额，而难以确定所发生的实际成本。例如，同样是使用一次，但是 A 部门跑了 100 千米，B 部门只跑了 10 千米，两者发生的成本肯定不一样，但是分摊到的成本很可能是一样的。又如即使是同部门使用，但或许这次是为 A 事项，下次是为 B 事项，然而这些细致的成本动因很难被追踪。其他的，如会议室资源使用费就更难进行准确分摊。在实际工作中，很多企业往往对这类成本采取粗略分摊的方法，简单由各部门平均分摊，但这样做并不公平。

A 保险公司基于新一代信息技术建立内部资源交易模式，对内部资源进行定价，在资源使用的源头上就记录了相关的使用信息，既能与预算执行数进行对接，方便事前事中管理，避免事后基于各种假设对这些资源进行粗略分摊导致的成本信息失真；更重要的是，能更科学、更合理、更准确地完成对公共成本的分摊，有利于内部资源的合理配置，减少资源闲置成本，提升资源的使用率，为后续的精细化成本管理提供基础数据。

4.3.4　小结

作为智能管理会计体系的核心环节之一，智能化成本管理体系的构建有三个要点。

一是需要将新一代信息技术深度融入生产制造和经营管理过程中，实现对生产过程的智能计划、智能采购、智能生产、在线监控，实现过程管理向"智慧分析判断 + 智能生产制造"模式的转变，降本增效从依靠人工经验向依靠智能大脑的精准分析转变，即从事后分析提高的模式向事前优化、实时监控的模式转变。

二是需要集成整合上下游资源，打造智能制造大数据信息平台，将企业内部的业财信息和外部供应商、客户等上下游资源的相关信息进行集中采集、治理、计算、建模和挖掘，并提供给数据应用端开展相应的成本核算、预测、决策和分析等工作。

三是需要整合各类信息数据源并将其应用到具体的经营活动场景中，赋能企业业务发展。例如，在上述协鑫集成的案例中，公司将数据应用于对客户产品成本进行快速预测，进而为销售报价提供高效、精准的数据支撑；以及在上述 A 保险公司的案例中，公司用基于互联网的商城破解了公共成本分摊的困局等。

第 **5** 章 用智能技术拯救"失灵"的绩效管理

随着企业间的竞争日趋激烈，企业面临的市场环境日益复杂多变，影响绩效的因素越来越复杂。绩效评价不合理、绩效管理效果不理想的现象比比皆是，绩效管理遭到了空前激烈的抨击。

人工智能、大数据、区块链等新技术的应用是绩效管理发展的一个重要分水岭。新技术的应用令企业能够获得完整、实时、真实的绩效相关数据，对绩效完成结果进行深入的归因分析，据此提出绩效改进方案，并动态追踪改进举措的落地，最终达成科学奖惩、绩效改善的目标。

5.1　要得到什么就考核什么

5.1.1　受阻的英国移民计划

关于绩效管理，让我们先来看《哈佛教子枕边书》中的一则小故事。

18世纪末期，英国政府决定把犯了罪的英国人统统发配到澳大利亚去。一些私人船主承包了从英国往澳大利亚大规模地运送犯人的工作。英国政府实行的办法是以上船的犯人数支付船主费用。于是，船主为了牟取暴利，往往肆意对船只进行改造，以尽可能多地装人，导致船上条件往往十分恶劣。一些船主为了降低费用，甚至故意让犯人断水断食。3年以后，英国政府发现：运往澳大利亚的犯人在船上的死亡率达12%，其中最严重的一艘船上死亡率竟高达37%。英国政府耗费了大笔资金，却没能达到大批移民的目的。

英国政府想了很多办法，如往船上派监督员、派医生，对犯人食宿标准进行硬性规定，对船主进行教育培训等等。但派去的人要么与船主同流合污，要么就被船主扔进了大海喂鱼。英国政府支出了监督费用，却无法使死亡率降下来。直到英国政府采纳了一位英国议员的提议，即改变计酬方式，将以上船犯人数计算船主报酬改变为以到澳大利亚上岸的犯人数计算报酬。问题迎刃而解。船主主动请医生跟船，在船上准备药品，改善生活，尽可能地让每一个上船的人都健康地到达澳大利亚。一个人就意味着一份收入。

自从实行上岸计数的办法以后，船上的犯人死亡率降到了 1% 以下。有些运载几百人的船只经过几个月的航行竟然没有一个人死亡。

只是改变了绩效考核的方式，就能瞬间化解困扰一国政府的大难题。**绩效管理的重要性固然毋庸置疑，而绩效指标设计和实施的合理性、有效性则在很大程度上决定了绩效管理的成败。**

5.1.2　四步搞定绩效管理

绩效管理是用于监控和管理企业绩效的方法、准则、过程和系统的整体组合，它**引导、改变着企业经营管理行为**。财政部发布的《管理会计应用指引第 600 号——绩效管理》中对绩效管理给出了这样的定义：**绩效管理，是指企业与所属单位（部门）、员工之间就绩效目标及如何实现绩效目标达成共识，并帮助和激励员工取得优异绩效，从而实现企业目标的管理过程。**绩效管理的核心是绩效评价与激励管理。管理大师彼得·F.德鲁克曾经说过："如果你不能评价，你就无法管理。"绩效管理通过四个步骤，实现对主体工作效率和效果的科学评价，并据此实施有利于改善绩效的激励措施。

（1）绩效目标制定和分解

绩效目标制定和分解是绩效管理的基础环节，不能合理地制定和分解绩效目标就谈不上绩效管理。绩效目标需要与企业战略目标和核心成功要素直接挂钩，企业应当以有利于战略目标的实现为导向合理制定绩效目标。

（2）监督和检查

监督和检查是绩效管理的重要环节，是绩效管理落到实处的保障。管理者不仅要关注所辖业务单元或部门的业绩，同时要对员工的工作进行持续的指导和监督，对发现的问题及时予以解决，以确保绩效目标的达成；员工需要定期对自身工作情况进行回顾和反思，对发现的问题及时纠正或向上级反馈，及时调整工作计划、工作方法，对照绩效目标进行自我评价，以期更高效地完成绩效目标。

（3）绩效评价

绩效评价是后续应用的基础。在阶段性工作结束时，对阶段性业绩进行评价，以便能公正地、客观地反映阶段性的工作业绩，目的在于对以目标计划为标准的业绩实现的程度进行总结，进行业绩评定，不断总结经验，促进下一阶段业绩的改进。

有效地收集绩效相关的各类信息是进行绩效评价的重要基础。企业应以绩效目标为引领、以业务计划实现为基础，建立有效的绩效分析框架，以展现不同阶段企业绩效的全貌。

（4）绩效结果反馈和应用

绩效结果反馈是绩效管理过程中的一个重要环节，通过考核者与被考核者之间的沟通，就被考核者在考核周期内的绩效情况进行面谈，通报被考核者当期绩效考核结果，分析被考核者绩效差距与确定改进措施，沟通协商下一个绩效考评周期的工作任务与目标，确定与任务、目标相匹配的资源配置。

企业应根据绩效分析的结果决定对员工的奖励、薪酬的调整和相应的人事变动。绩效管理能否成功实施，很关键的一点就在于绩效考核的结果是否得到了系统应用，是否与被考核者的薪酬、福利、晋升直接关联。

5.1.3　绩效管理方法 "三剑客"

绩效管理有一系列成熟的工具和方法，应用最广泛的主要有关键绩效指标法、经济增加值法和平衡计分卡这三大方法。

（1）关键绩效指标（KPI）法

关键绩效指标法，是指基于企业战略目标，通过建立关键绩效指标（Key Performance Indicator，KPI）体系，将价值创造活动与战略规划目标有效联系，并据此进行绩效管理的方法。关键绩效指标，是对企业绩效产生关键影响力的指标，是通过对企业战略目标、关键成果领域的绩效特征进行分析，识别和提炼出的最能有效驱动企业价值创造的指标。

关键绩效指标既可单独使用，也可与经济增加值法、平衡计分卡等其他方法结合使用。关键绩效指标法的应用对象可为企业、所属单位（部门）和员工。

相对于传统的以财务指标为考核中心的绩效考核体系而言，**KPI 体系不仅增加了考核对象，涵盖了财务指标和经营指标等，更为重要的是，对于执行企业战略的关键业绩指标予以量化。** KPI 体系不但为员工考核提供了依据，而且也推动了公司战略的实施。

关键绩效指标法应用的一般程序包括制定以关键绩效指标为核心的业绩计划、制定激励计划、执行业绩计划与激励计划、实施业绩评价与激励、编制业绩评价与激励管理报告。构建关键绩效指标体系的一般流程如下。

第一，制定企业级关键绩效指标。企业应根据战略规划，结合价值创造模式，综合考虑内外部环境等因素，制定企业级关键绩效指标。

第二，制定下级单位（部门）级关键绩效指标。根据企业级关键绩效指标，结合下级单位（部门）关键业务流程，按照上下结合、分级编制、逐级分解的程序，在沟通反馈的基础上，制定下级单位（部门）级关键绩效指标。

第三，制定岗位（员工）级关键绩效指标。根据下级单位（部门）级关键绩效指标，结合员工岗位职责和关键工作价值贡献，制定岗位（员工）级关键绩效指标。

关键绩效指标法是传统绩效管理时代最主要的绩效管理方法，在企业中获得了普遍的应用。它**对信息系统的要求不高，依赖性较小。**但是，近年来其也因为片面性、短期性饱受诟病。

（2）经济增加值（EVA）法

经济增加值（Economic Value Added，EVA）是指从息前税后净营运利润中扣除包括股权和债务在内的全部投入资本的机会成本后的所得，其实质是经济利润而不是传统的会计利润。经济增加值体现的是对企业资产负债表和利润表的综合考量，它通过引入资本成本率，不仅体现债务成本，而且考虑了股东投入的机会成本。并且它在计算过程中进行相应的会计调整，考虑了经营战略、业务组合和会计政策，更能真实反映出企业的核心业务和经营现实，促使企业更加关注企业长期价值的创造。

经济增加值法应用较为广泛。EVA 考虑了给企业带来利润的所有资金成本，真实地反映出企业的资本保值增值情况和其所创造的财富。基于财务状况的 EVA 绩效管理对企业内部的财务体系提出了非常高的要求。经济增加值为正，表明经营者在为企业创造价值；经济增加值为负，表明经营者在毁损企业价值。经济增加值较少单独应用，一般与关键绩效指标法、平衡计分卡等其他方法结合应用。

2010 年，随着国资委开始在央企引入 EVA 评价指标，EVA 在企业的绩效评价、投资决策、财务预警、激励机制等方面获得了更快的发展和一定范围内的广泛应用。由于 EVA 严格来讲只是单一指标，而不是一套方法，对单个指标的计算不需要借助信息系统即可完成，因此其与绩效管理信息化的关联度很小。

（3）平衡计分卡（BSC）

被誉为 20 世纪 90 年代管理会计理论与实践最为重要的发展之一的平衡计分卡，一经问世即被国际企业广泛采用，并在实践中被证明为企业的战略实现带来了巨大价值。据有关统计，在全世界的组织中，美国有 60% 的企业采用了平衡计分卡，欧洲 50%，澳大利亚 40%，新加坡则高达 70%。世界 500 强企业中有 80% 在应用平衡计分卡，平衡计分卡已经成为世界企业绩效评价的主流方法。

平衡计分卡是一套能使企业高层快速而全面地考察企业业绩的指标体系，它的核心理念在于将战略层层落实，真正实现股东、客户、员工利益的协调统一。作为一种战略绩效管理及评价工具，平衡计分卡主要从财务、客户、内部业务流程、学习与成长四个维度来衡量企业。

财务维度以财务术语描述了战略规划的有形成果。企业常用财务维度的指标有投资资本回报率、净资产收益率、经济增加值、息税前利润、自由现金流、资本负债率、总资产周转率等。

客户维度界定了目标客户的价值主张。企业常用客户维度的指标有市场份额、客户满意度、客户获得率、客户保持率、客户获利率、战略客户数量等。

内部业务流程维度确定了对战略规划产生影响的关键流程。企业常用内部业务流程维度的指标有交货及时率、生产负荷率、产品合格率、存货周转率、单位生产成本等。

学习与成长维度确定了对战略规划最重要的无形资产。企业常用学习与成长维度的指标有员工保持率、员工生产率、培训计划完成率、员工满意度。

平衡计分卡指标体系的构建应围绕战略地图，针对财务、客户、内部业务流程和学习与成长四个维度的战略规划目标，确定相应的评价指标。构建平衡计分卡指标体系的一般流程如下。

第一，制定企业级指标体系。根据企业层面的战略地图，为每个战略主题的战略规划目标设定指标，每个目标至少应有 1 个指标。

第二，制定下级单位（部门）级指标体系。依据企业级战略地图和指标体系，制定下级单位（部门）的战略地图，确定相应的指标体系，协同各下级单位（部门）的行动，使其与企业战略规划目标保持一致。

第三，制定岗位（员工）级指标体系。根据企业、下级单位（部门）级指标体系，按照岗位职责逐级形成岗位（员工）级指标体系。

平衡计分卡的独特之处在于这些方面。**第一，它在一个评价系统中通过因果关系链整合了财务与非财务的战略指标，关注结果指标和驱动指标，使其成为一个前向反馈的管理控制系统。第二，它通过非财务指标的三个维度，准确反映出了最近 10 多年来企业技术及竞争优势变化的实质，即无形资产（如客户关系、创新能力、业务流程、员工素质、信息系统等）已成为企业竞争优势的主要来源，从而使绩效管理更具战略相关性。**

企业应建立高效集成的信息系统，实现绩效管理与预算管理、财务管理、生产经营等系统的紧密结合，为平衡计分卡的实施提供信息支持。

5.2　寻找更好的绩效管理

5.2.1　从 "追捧" 到 "不屑" ，绩效管理过时了吗

绩效管理的历史很悠久。现代企业绩效管理的开端以杜邦公司于 1919 年推出杜邦分析体系为标志。此后，绩效管理的价值获得了一致认可，并且在企业中很快赢得了 "趋之若鹜" 式的追捧，成为企业内部管理不可或

缺的重要内容。

在我国，企业的绩效管理体系是随着经济的发展和经济体制的变化而逐步深化的。改革开放前，我国企业经营效果的评价称为考核。在传统的计划经济模式下，政府为了约束企业的经营行为，制定了一系列以实物量为主的考核指标，包括工业企业的生产产值、企业规模和产品产量等，使企业的经济运行完全服务于国家计划。20 世纪 90 年代，随着我国市场经济体制的逐步建立，企业作为市场主体的地位已经得到承认，企业逐步开始采用经营利润、每股收益、销售利润率、投资报酬率、净资产收益率和现金流量等财务指标开展绩效管理。20 世纪 90 年代末期，随着 EVA 和平衡计分卡相继传入我国，部分我国企业开始在财务指标体系中加入非财务指标进行绩效管理。

近年来，绩效管理却遭遇了信任危机。随着 "绩效主义毁了索尼" 的论调甚嚣尘上，"放弃绩效考核" 的斗争席卷全球。不仅戴尔、微软、亚马逊、德勤、埃森哲等多家跨国企业纷纷跟进，甚至通用电气（General Electric Company，GE）——曾经的绩效管理标杆，也宣布抛弃正式的年度绩效考核。腾讯的张小龙对微信事业群发出 "警惕 KPI" 的呼声；李彦宏在内部信中将百度的掉队归咎于 "从管理层到员工对短期 KPI 的追逐"；雷军干脆宣布小米 "继续坚持 '去 KPI' 的战略"。这些领先企业，似乎都在提防自己走上索尼式衰退的老路。几十年来我们推崇的 "绩效管理"，难道已走到了过时和瓦解的边缘？

当然不是！没有绩效管理，企业就谈不上管理。因为一切管理活动都是为了获得更好的绩效。事实上，那些被标榜为 "绩效抛弃者" 的企业，其实只是告别了传统的年度绩效考核方式，换了一种思路重新出发，我们称呼其为 "绩效革新者" 更为合适。绩效管理既饱受诟病，又必不可少。我们必须找到解决问题的方法，而不是放弃绩效管理。

5.2.2　杰克·韦尔奇的决定

在找到解决办法之前，我们先来重温一下 25 年前的 GE 经典管理瞬间。1995 年，美国 GE 电气部门的竞争对手推出了价格更低的产品，GE 不得不改进生产流程，提高效率以应对挑战。不过，到年底时，电气部门的收入仅与上一年持平，低于年初预算 10%。与此同时，GE 的塑料部门却好运连连，市场大好，成为供方市场，收入由此飙升 25%，比年初预算高 10%。面对这样的情况，GE 应如何开展绩效考核？如何确定两个部门的年终奖金？

杰克·韦尔奇做出了出人意料的决定。当年的年终大会上，杰克面对 500 名 GE 高管发表了这样的讲话："电气部门尽管实际绩效低于年初目标且相对于上一年没有增长，但是，他们在一个严峻的竞争环境里取得了比我们的竞争对手（惠而浦等）更优秀的业绩，令人印象深刻。塑料部门的收入尽管超出了年初计划，但是，相较于我们的两个主要竞争对手——一个取得了 30% 的增长，一个取得了 35% 的增长——他们本可以做得更好，在定价策略上还可以更具有竞争性。"

杰克问大家："你的业绩纵使超过了那个'坐在没有窗户的屋子里面制定的目标'，又有何用？真实的世界有着自己的数字，这些数字才是真正重要的。"

25 年如弹指一挥间。今天，当我们在这里讨论绩效管理，无论是 GE 所遇到的绩效管理难题，还是杰克的话，似乎与我们当前所遭遇的绩效管理困局没有丝毫违和。杰克道出了绩效管理的根本问题：外部实际比自我的封闭指标更为重要。绩效不仅要与内部比，还要与竞争对手、与市场实效相对比，只有这样才有意义。

然而，企业要向外看，要走出那个"没有窗户的屋子"，前提条件就是要依靠高效的信息化工具，让企业能够及时、全面地看到内部和外部世界的真实数据。

5.2.3　智能化让绩效"标尺"更精准

与管理会计的其他应用领域相比，长期以来绩效管理与信息化的结合相对不太紧密。尽管几乎所有企业都开展绩效管理工作，但大多数企业没有开展绩效管理信息化，更未搭建起包括目标体系设定、评价标准体系设定、绩效分析评价、生成绩效报告等全活动过程的信息化平台。缺乏高效信息系统支撑的传统绩效管理，使绩效"标尺"的设计长期主要依靠人工完成。数据少、置信度低、数据迟滞，使得企业只能看到绩效的结果，难以对结果产生的原因进行分析并形成绩效改善的建议和采取具体行动。

智能技术为绩效管理的应用打开了新纪元。

首先，数据中台可以打通和汇聚多源数据，实现数据资产化和内外部数据的整合。这将令绩效管理获得多角度、完善的结构化和非结构化数据，从而建立起更为智能、科学的绩效评价数据库，更为精准、全面地对绩效结果进行评价。

绩效管理屡屡被批评，其中一大焦点问题就是绩效指标设计片面，反而拖累了企业的整体绩效。百度创始人李彦宏曾做出了这样的反省："因为从管理层到员工对短期 KPI 的追逐，我们的价值观被挤压变形了，业绩增长凌驾于用户体验之上，简单经营替代了简单可依赖，我们与用户渐行渐远，我们与创业初期坚守的使命和价值观渐行渐远。"表面看来，百度的问题通过改进绩效指标体系就能获得改善。但是，对客户体验相关数据的获取难以实现时，对客户体验相关信息进行比较分析就更显困难。但通过构建数据中台，企业能够将运营过程中的内部数据和外部数据汇集到一起，并通过数据治理统一数据口径、提升数据质量，产生大量有用数据，为绩效评价提供完善的基础数据支撑。

其次，在新一代信息技术的支撑下，智能绩效管理系统能够快速存储、调取和处理海量数据。应用上的敏捷性使系统能够快速响应环境变化，及时根据内外部环境变化对绩效数据和绩效分析结果做出调整，有效提升数据的时效性和有用性。

市场环境瞬息万变，企业在绩效管理中也不应再拘泥于固定的、僵化的指标。绩效管理应该具有战略柔性，应该考虑到社会、技术、商业、管理等方方面面变化的影响，能够根据外部市场的不断变化进行动态调整，形成动态指标。这种动态的指标有助于企业更精准、更真实地对实际绩效进行衡量，更为公平地论功行赏，更为合理地保护各类各级人员的工作热情。

再次，依靠强大的智能技术引擎，企业能够构建绩效分析模型，并开展对绩效结果的归因分析，准确捕捉到绩效形成的原因，据此对评价对象的工作进行合理的评估，并实行相应的激励管理，**有效避免出现"能者多劳、多劳不多得、少劳不少得"的现象**。绩效结果的产生往往是内外部因素综合作用的结果，企业需要对产生结果的原因进行分析，对员工、团队、企业的工作进行理性评判。开展这类归因分析的前提条件有两个：一是要基于大量内外部数据，二是要拥有强大的数据挖掘和分析能力。传统的绩效评价只能依靠人力对绩效结果寻根问底，寻求解决对策。在大数据技术的支撑下，绩效管理部门可以追溯每一个数据的来源，利用相关性分析、聚类分析等数据挖掘手段，分析各主体在绩效目标实现过程中的作用大小，进而开展更为科学、高效的绩效评价与考核。

最后，**依托新一代信息技术的智能绩效管理能够形成一整套绩效追踪反馈机制，有力解决绩效管理在应用中屡被批评的"只有考核，没有改进"的问题**。

绩效管理的根本目标是持续提升个人、部门和组织的绩效。当绩效管理的目光只聚焦于如何通过绩效指标来进行员工评级、奖金界定时，它就开始过于关注"过去时"和"承认式"，沦为形式主义的工具。

数据中台与传统数据仓库的最大区别在于经由数据中台形成的数据一定要回归到业务前端，反向指导业务运营。这使得数据中台支撑下的智能绩效管理系统天生就具备了数据双向传输和反馈的功能，能够实时追踪个人、部门和企业的数据，实现快捷、持续的绩效反馈，动态跟踪和反馈改进行动，以确保绩效改善目标的达成。

5.3　智能绩效管理的场景化应用

在智能技术、大数据的驱动下，基于数据中台的场景化、部门化的绩效管理信息化产品开始出现并且在企业获得应用。这将有力提升绩效管理的科学性、及时性和有效性，进一步增加绩效管理的激励价值。本部分我们以销售绩效管理为例，看看智能技术推动下的场景化绩效管理将呈现怎样的面貌。

5.3.1　不要动销售人员的"奶酪"

随着国内市场竞争日趋激烈，市场营销活动在企业活动中的核心地位日渐明显，销售人员作为企业经济效益的直接创造者和实现者，在企业中的地位和作用越来越重要，销售人才已成为企业的宝贵财富。但同时，由于销售人员分布面广、开放性强、流动性大，对销售人员的管理也是企业管理的难点。绩效管理作为销售人力资源管理的一种工具和方法，对企业管理的重要性已得到广泛认同。**要想稳定销售队伍，留住人才，除了要加强薪酬的竞争力外，企业还应加强对销售人员的绩效管理。**

然而，当前我国很多企业还缺乏销售绩效管理的意识，销售绩效管理工作混乱无序，管理粗放，这给企业和销售人员都带来成长与利益的双重伤害。比较典型的问题有：在销售目标管理中产品、渠道、区域、销售人员不能有效地联系起来，以销售人员视角通过滚动预测追踪销售目标达成情况；管理层的战略诉求，如新客户开发、新产品拓展等没有落实在销售人员的个人工作计划中；销售人员无法实时获知业务佣金的具体金额，或者因为佣金计算不透明而怨声载道、士气低落；无论是 CRM 系统还是 HR 系统都不能适应佣金政策的快速变化；佣金政策的科学性、合理性不足，无法有效激励销售人员等。

当上述调查统计的问题在企业中没法得到有效解决的时候，就会出现：士气低落，平均一半的销售团队每 2 年经历一次巨变；销售代表将半数时间花费在非销售活动上，如影子会计；半数佣金激励计划未能达到预期效果。

那么，哪些因素会影响销售人员的绩效呢？

（1）销售人员的目标及预测管理

主要包括如何科学地将企业整体目标逐级、多维度分解至销售个体，使得销售个体的目标不仅与企业整体目标匹配，同时支撑战略诉求，如新客户开发、新产品拓展等；以及如何结合销售个体的行为趋势，提升企业整体的销售预测准确率。

（2）销售佣金管理

主要包括如何高效地计算佣金，如何设置灵活可变的佣金规则。

销售绩效是大多数企业年度运营支出的重要组成部分。但是，当前大部分企业仍采用 Excel 进行销售计划及激励的管理，低效且错误频发，而且规则总是简单的"一刀切"，缺乏灵活性，无法快速响应市场环境的变化，制造了销售人员与运营、财务和人力部门之间的矛盾，影响员工士气和团队稳定性。

5.3.2 一个工具让销售人员快速奔跑

既然传统的销售绩效管理存在如此多的弊端，我们应在数字化时代找到一个高效的工具——它需要不仅能够使企业更好地控制销售佣金发放，提高效率，减少错误并获得实时的结果，还能让管理者深入了解佣金政策的运作情况，并对计划变更做出准确预测。

基于大数据、人工智能、内存多维数据库等强大的技术引擎，企业可以通过在管理平台上构建一个智能化的全流程销售绩效管理模块来实现销售目标多维度分解、过程分析和结果查询、佣金计算、佣金规则推演等功能，如图 5-1 所示。

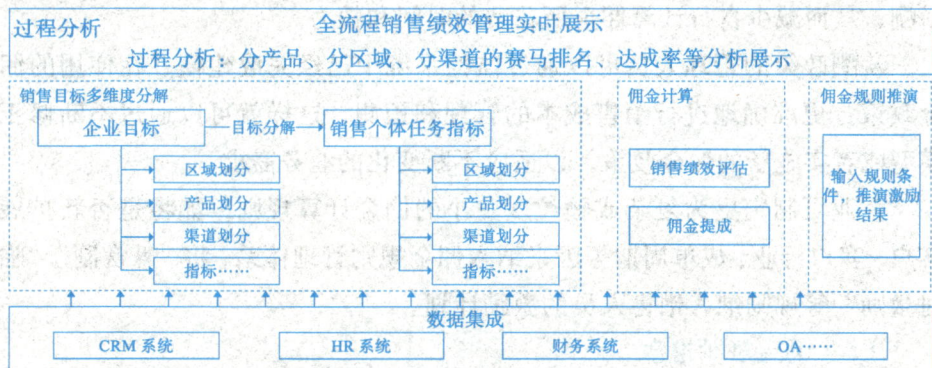

图 5-1 全流程销售绩效管理实时展现

（1）对销售目标进行多维度分解

企业经营的核心是保持长期有效增长，企业整体销售目标是建立在短期和长期目标平衡后的结果上的，因此企业整体销售目标必定包括新老产品、新老市场占比等结构性诉求。例如，在特定时期需销售人员销售更多当期毛利不高，但能构建未来竞争力的产品；或开辟一个新的区域市场等。销售个体的目标也应承接这些长、中、短期目标。

该模块可以满足以下要求：对接全面预算管理系统，并将部门目标分解至销售个体；对接财务和业务相关系统，以便执行过程分析；对销售人员设置系统权限，并进行表单设计，且需对接员工管理系统，及时根据人员变动情况进行实时更新。

（2）过程分析和结果查询

智能化的全流程销售绩效管理模块可以支持多维度过程分析和结果查询工作的开展。例如，销售人员可实时通过系统查询各类产品的销售数据和目标的预实对比，也可以了解客户或行业在不同产品上的购买趋势或销售趋势，从而分析未来的销售行为等。管理层也可通过可视化大屏深入了解当前佣金政策的运作情况，对未来的销售佣金策略调整做出准确预测。

（3）佣金计算和模型修改

智能化的全流程销售绩效管理模块通过统一系统平台的计算规则和强大的计算功能提高准确性、降低成本、提高效率和提高销售业绩，帮助企业简化对销售绩效薪酬的管理。自动化计算佣金降低了管理成本，同时减少了多付或少付佣金导致的纠纷。这样可以使销售人员清楚地了解他们的薪酬，从而减少自行计算佣金所花费的时间和精力。

薪酬政策的管理人员可以通过监控系统中已经完成建模并在使用的佣金政策，更准确地进行销售成本的管理和预测，这样就可以通过不断修正模型或者实施新的佣金政策，以适应不断变化的业务需求。

企业可制定更为复杂或颗粒度更小的佣金计算规则，如将是否新扩展客户、客户行业、成单周期等因素纳入佣金规则管理体系，将"悬赏制""临时激励"等规则纳入销售人员的激励计划。

（4）佣金规则推演

企业在佣金规则制定过程中，如何在更有效地激励销售人员的同时，最大限度地匹配企业战略？在这一方面，企业可应用系统提供的沙盘推演功能，对比多版本、不同的激励政策下，销售人员所得佣金与最终企业整体经营情况。

作为一个新型的管理工具，智能化的全流程销售绩效管理模块是绩效管理在销售部门人力资源管理中的场景化应用工具。基于该模块开展对销售人员绩效的场景化管理，企业不仅可以基于自动处理流程更好地控制销售佣金发放，从而提高效率、减少错误并获得实时的结果，还能不断修正模型和实施新的佣金政策，以适应不断变化的业务需求。

智能化的全流程销售绩效管理模块普遍适用于各类企业对销售人员的绩效管理，尤其是当市场环境变化较快时，应用智能化的全流程销售绩效管理模块能够及时对业绩目标做出调整，以提升销售人员的积极性。

第 **6** 章 抛弃复杂、迟滞，你需要这样的智能管理会计报告身处"信息爆炸"的时代，企业管理者每天都会面对大量的结构化、非结构化的数据及信息，产品价格波动，原材料价格涨跌，生产设备技术变革，汇率变化……面对纷繁复杂的数据及信息，各个层级、各个环节的管理者分别关注哪些信息？如何获取对企业所处行业、所处阶段有价值的信息？这些有价值的信息，能否以简洁、直观的报告展示出来？

管理会计报告，正是为应对上述诉求而生的管理工具之一。

现在，企业高管可以从最关心的财务绩效数据出发，通过产品收入和利润报告、E2E（End to End，端到端）损益报告（线上电子商务与线下实体相结合的服务模式）等，实时了解不同产品在不同区域的销售业绩、成本、利润等数据，随时查看不同分公司在关键指标上的表现，找到不同数据间的钩稽关系，并通过点击向下钻取，溯源指标最终数值的产生过程。管理者可以方便地在手机、iPad 等各种终端上实时获取、调取、展示这些报告，形成多维考察企业的视角，甚至从任何异常数据出发，直接选择问题部门并做出调整决策。

6.1 为"自己人"服务的管理会计报告

管理会计报告即企业的内部管理报告体系，是指由企业编制，并在企业内部传递，为董事会、管理者和其他员工所使用，满足他们控制战略实施、实现战略目标等管理需要的信息报告。在管理越来越趋于精益化的今天，管理会计报告在企业决策、控制和价值创造方面的作用日益重要。

区别于财务会计报告，管理会计报告主要用于满足内部决策层的管理需要。它不必像财务会计报告一样采用统一、固定的格式，而是根据企业的业务特点和管理特点进行个性化的设置，内容既包含财务信息也包括大量业务信息。其在逻辑上能够帮助管理者发现问题、分析原因，在形式上不仅是使用标准格式的报表，还进行了更直观、更丰富的图形化展现。

首先，管理会计报告为内部管理服务，是管理水平提升的必备工具，编制管理会计报告的重点在于支持各层级管理者的经营决策。从服务的对象分析，人们常见的财务会计报告以服务"外部投资者"为主，对企业内部管理决策的作用有限。

其次，管理会计报告面向未来，强调事前和事中的控制，关注未来经营。财务会计报告面向过去，侧重于反映企业过去的财务情况和经营成果；而管理会计报告面向未来，它通过对过去的信息进行归集、挖掘、分析，不但能够对企业的现状进行分析，而且能够预见未来。因此，管理会计报告强化内部管理，强调事前和事中控制，强调业绩，注重评价，形式开放，注重未来经营。

再次，管理会计报告所展现的信息维度更丰富，是企业战略落地的重要手段。从关注和反映的内容看，财务会计报告仅局限于局部信息，即财务信息；而管理会计报告不仅包括内部的财务信息、业务信息，还需要关注外部信息，进而为企业各层级进行规划、决策、控制和评价等管理活动提供有用信息，满足各层级管理者控制战略实施、实现战略目标的管理需求。

最后，管理会计报告可按需求灵活编制，通过对数据的整合与分析实现业财深度一体化。通常来说，支持企业决策的是核算系统和管理系统。在核算系统中，企业根据会计准则的规定归集和核算会计信息，以会计科目来展现，在确保信息规范性的同时，却丢掉了很多业务信息，对支持决策而言有先天的缺陷。而管理系统由于不受有关会计法规和固定会计程式的制约，且可以采用多种技术方法，管理者可以通过其看到各项业务信息和经过进一步加工后的财务信息，其中有很多与业务的关联。通过对这些数据进行分析和整合，企业可以实现业务与财务的一体化。

总体来看，管理会计报告可分为三大类型。一是业务层管理会计报告，用于分析和解决业务问题，如成本分析报告、订单情况分析报告等；

二是经营层管理会计报告，如预算分析报告、运营情况报告等；三是战略层管理会计报告，既关注企业内部财务和运营状况，又关注企业外部环境，如市场环境、竞争对手情况、经济形势、产业链等，如战略管理会计报告等。

6.2　管理会计报告的智能化升级

管理会计报告的信息化是企业管理会计报告的重点发展方向。 通过企业的 ERP、SAP（System Applications and Products，德国开发的企业管理系列软件）等软件，展现企业的经营信息，是企业管理会计报告系统的基础。企业需要考虑自身的经营特点和管理基础，建立能够满足自身需求的管理会计报告体系。一个能够和企业已有系统集成的管理会计报告系统则是企业管理会计报告体系的核心。

现代商业环境的变革对管理会计报告提出了强烈需求，同时信息技术的发展又驱动着管理会计报告的衍生和发展。在新技术的加持下，企业可以将自动化、智能技术与数据可视化技术相结合，融合和打通各类数据，提升整体数据价值；利用算法和规则引擎处理数据、构建模型；利用传感器和云计算等进行实时计算和数据的可视化呈现；对具体业务场景中的业务经营情况进行前瞻性的预测和分析。这将大大提升管理会计报告的实时性、可靠性和易用性，助力企业踏上数字化决策之路。

6.2.1　想要什么数据，就有什么数据

管理会计报告的本质就是对数据分析应用的结果展现。 基于内存多维数据库、敏捷 BI、大数据等新技术，企业可以从物联网、云平台、存储设备、移动终端等多种渠道全面获取内外部的海量数据，通过 ETL、日志服务等技术完成数据收集，并将它们存储在数据库中，并可以经由分布式计算、

内存计算等技术加速数据变现，将其全面应用于企业的业务经营和管理决策中，包括助力企业对经营活动进行深入分析。更完整的基础数据、更稳定的数据存储、更快速的数据计算、更深入的数据分析，这些都将令数据的分析应用工作向自动化、智能化、场景化发展。

传统的数据应用工作需要靠人按照一定的路径对管理数据进行浏览和探索（下钻、旋转），与预算、经营目标对比来寻找数据异常以发现经营和管理中的问题，并形成分析结论。这些重复性的工作（例行的日、周、月度分析报告）可以由系统利用自动化技术实现，节约分析人员查询数据的时间，让他们能更专注地把精力花在分析数据背后的原因上面。

管理会计报告的最大价值就是为各层级管理者的科学决策提供量化信息支持，在此过程中，需要建立量化模型来模拟企业的商业模式和经营过程，进而基于模型对数据进行深入分析。智能技术的特点之一就是强大的建模能力——可按不同主题建立业务模型和财务分析模型，发现数据之间的关系，做出基于数据的推断。基于智能技术进行数据分析的路径，就是从企业最核心的财务数据延伸到业务数据，从企业内部数据延伸到外部数据（包括行业数据、竞争对手数据、互联网数据），利用大数据和智能技术，把供行业参考的标杆数据、客户反馈数据以及反映市场变化趋势的数据，全部与企业内部数据结合起来，一并提供给企业管理者，支持企业决策。

智能技术的应用可使系统具备智能、快速建模能力，可基于智能数据研发开展在线数据建模、基于智能算法进行统一画像和构建公共数据模型。这不仅令数据分析智能化，也将推动数据分析应用走向业务化、场景化。

借助强大的建模和计算引擎，企业可构建场景化的数据应用体系，快速制定特定业务场景的经营计划，及时响应复杂业务的变化并做出快速调整，并使用神经网络、规则归纳等技术发现数据之间的关系，做出基于数据的推断。举个例子，基于新技术，制造企业可根据实际情况设计机器学习算法，搭建模型实现智能化的库存优化、销售预测和产销平衡。

6.2.2 让数据一目了然的场景化作战大屏

管理会计报告是对各类数据的综合展现。这些数据通过何种形式展现？数据的展现顺序如何？哪些数据要重点展现，哪些数据作为补充？这些问题都将深刻影响管理会计报告的最终价值。

数字化时代的管理会计报告系统在数据展现方面具备多维度、可视化、定制化的鲜明特点。一方面，借助后台的多维数据模型，系统可以为数据分析人员提供更灵活的自助数据分析功能，让分析人员能够通过拖曳、点击等快速的操作，在数据模型中对数据进行快速、多维度分析，并输出或者保存分析报告。 分析人员还可以利用语音或者文字交互，采用类搜索引擎的方式向系统提问，系统自动理解问题并在后台数据库中搜索数据，并以适当的形式呈现给分析人员。**另一方面，借助智能技术和前端数据分析技术，管理者可以获取更简洁、更直观、更及时的可视化预测信息。** 这些信息经由计算机基于对使用者的需求进行筛选后，集中通过一个作战大屏得以展现。管理者可以基于场景化的大屏做出战略决策和经营管理决策，这将大大提升管理者的数据认知效率，提高决策的及时性和准确性。

6.3 一手体系化，一手智能化

6.3.1 给不同层级管理者不一样的报告

管理会计报告作为形成战略与执行之间完整闭环的核心工具，必须上达决策层，下至业务层。因此，管理会计报告不能只是专供决策层使用的工具，而应是上可辅助高层管理者决策、中可辅助中层管理者强化管控、下可为基层员工提高效率的全面的智能化工具。换言之，一套完整的管理会计报告体系应是涵盖业务层、经营层和战略层需求的分层级的管理会计报告，如图 6-1 所示。

战略层管理会计报告

报告对象：企业的战略层，包括股东大会、董事会和监事会等

| 战略管理报告 | 综合业绩报告 | 价值创造报告 |
| 经营分析报告 | 风险分析报告 | 重大专项报告 |

经营层管理会计报告

报告对象：经营管理层

| 全面预算管理报告 | 投资分析报告 | 项目可行性报告 | 融资分析报告 |
| 盈利分析报告 | 奖金管理报告 | 成本管理报告 | 业绩评价报告 |

业务层管理会计报告

报告对象：企业的业务部门、职能部门以及车间、班组

| 研究开发报告 | 采购业务报告 | 生产业务报告 | 配送业务报告 |
| 销售业务报告 | 售后服务业务报告 | 人力资源报告 | …… |

图 6-1　管理会计报告体系

（1）业务层管理会计报告

按照企业责任中心的责权范围履行目标，业务层管理会计报告体系可以具体分为成本中心管理会计报告、利润中心管理会计报告和投资中心管理会计报告。企业通过它们来反映各责任中心的预算执行情况，并据此对管理者进行评价。对成本中心而言，由于成本中心承担着控制成本、降低成本的责任，成本中心的管理会计报告需要反映出可控成本责任预算在分解后的具体执行情况，从而也就可以根据责任成本的预算数与实际数来编制，在报告中也需对预算数与实际数之间的差异进行相应的说明。对利润中心而言，由于它既需要对成本负责，同时还需要对收入与利润负责，所以，利润中心管理会计报告应该对成本的预算数与实际数、收入的预算数与实际数进行分析比较；同时分析与考核收入、成本、利润等指标的具体完成情况，并在此过程中及时发现利润中心出现的各种偏差及问题，进而采取相应的有效措施及时纠正偏差、解决问题。对投资中心而言，它不仅需要对收入、成本、利润进行反映、负责，还要对投资的效果进行反映、负责。因此，投资中心管理会计报告不仅需要列示收入、成本、利润等指标的预算数、实际数、差异（包括差异额与差异率），还需要列示反映投资效果的资产周转率、销售利润率、投资报酬率与剩余收益率等指标的预算数、实际数、差异，并分析原因与进行评价。

（2）经营层管理会计报告

经营层管理会计报告主要包括未来现金流量预测报告、预计利润报告、预计资产负债报告、销售预算报告、生产预算报告、产品成本预算报告、销售与管理费用预算报告等。编制经营层管理会计报告，是保证企业资源获得最佳生产率与获利率的有效依据。在决策方案已经明确的前提下，企业内部需要按照既定的方案进行全面预算，即经营层管理会计报告应该以反映全面预算的信息为编制基础。因此，反映全面预算的报表项目应该包括预计资产负债报告、预计利润报告与未来现金流量预测报告等。

（3）战略层管理会计报告

根据企业经营活动的具体类型，战略层管理会计报告的主表可以分别设置三个方面的报告，具体为经营活动预测决策报告、投资活动预测决策报告与筹资活动预测决策报告。在调研企业中，多数企业都能得出关于企业经营活动的相关战略报告。经营活动预测决策报告，是以一定的时期与业务范围为基础，通过分析不同经营方案给企业带来的贡献损益来进行决策的报告，其重点是确定不同经营方案的相关收入和相关成本。投资活动预测决策报告是指通过比较不同投资项目的投入产出比率来选择对企业价值创造最有利的投资项目的报告。它以企业内部项目投资决策为主，如果企业资金富余，可以自行选择金融资产投资、证券投资等外部投资方式。筹资活动预测决策报告是指根据企业的生产经营、对外投资与调整资本结构等方面的需要，帮助企业的管理决策层对筹资的数额、方式、结构等进行决策的报告。它主要是根据对资金需要的预测，来选择适合企业的筹资渠道与方式。

6.3.2　做好三件事，轻松搭建智能化管理会计报告系统

在"大智移云"的时代，企业需要构建将财务与业务有机结合，涵盖业务层管理会计报告、经营层管理会计报告、战略层管理会计报告的智能化管理会计报告系统，消除困扰管理会计报告编制的"信息孤岛"，有效融合业务系统、ERP 系统、预算平台、数据分析平台等多重数据来源，为企业提供多方面、多层次的管理分析和经营决策支持。

智能化管理会计报告系统是一个面向企业业务层、管理层和决策层的

企业级数据库及决策支持平台，它可以帮助管理层更好地规划未来、统筹收入、量入为出、平衡资金、实现经营计划落地和评价效益。

　　管理会计报告首先要基于基础数据进行深入的商业模式分析和高质量的多维展现，最终帮助管理者发现经营中的问题，并提出针对性的解决方案。也就是说，抓住数据、建模和展现三个要点，是搭建智能化管理会计报告系统的关键问题。基于这一认知，企业需做好三件事。

（1）建立一个适合企业的分析指标库

　　指标是一种衡量目标的单位或方法。管理会计报告的本质是基于企业财务数据、业务数据、行业相关数据等进行的数据分析活动。在这一过程中，企业必然会对关键性的指标进行目标数据与实际数据的对比。因此，企业需建立一个适合企业的分析指标库，并以此为基础，采用科学的方法建立能够快速适应企业分析需求变化的报表分析体系。这能使企业上下在分析经营问题时，能够通过指标分析分层次、一步步定位到具体的行动方案，提高经营与管理能力。值得一提的是，在管理会计报告系统中，需对所有指标进行分级，为不同管理角色设置不同的查阅权限，并支持为不同层级使用者提供定制化信息。

（2）建立一个企业级的数据仓库，并打造一个统一的数据平台

　　数据仓库将分散的数据源通过数据集成工具整合在一起，规范分析维度，从而能够横向、纵向地全面分析企业运营、营销、成本等各种数据，及时发现企业的经营问题。企业在完成数据仓库的建设后，须将数据从业务系统中大量抽取到数据仓库中，作为数据仓库中数据的来源。在抽取的过程中还必须将数据进行转换、清洗，以适应分析的需要。从技术角度分析，这一步骤可极大地减少数据量较大时与数据仓库有关的开发和维护工作。通过建立数据质量度量标准和定义数据质量目标，数据仓库能够更好地监控参考数据的质量，并确保随着时间的推移能够跨企业持续使用高质量的数据。

　　实践中，很多人会发现销售部门与财务部门提供的销售数据不一致，这是不同的数据管理口径、不同的数据来源所造成的。基础数据的不一致，导致各业务环节之间无法顺畅"沟通"。因此，企业需要借助智能技术，对所有的指标统一管理口径、统一应用模型、统一分析标准，进行统一的

用户管理，并且在集团内部实现知识分享。标准统一、来源统一、口径统一的高质量的数据，是智能技术发挥作用的基础。

（3）形成个性化的报告展现界面

有了高质量的数据源，在此基础上，系统可以利用联机分析处理工具和数据挖掘等技术，为用户定制个性化的页面，从而使不同层级的用户能从多个角度、多个侧面分析数据库中的数据，深入理解包含在数据中的信息。例如，决策者最关心的是销售金额、销售面积、结转收入、回款情况等指标，这些指标将在可视化的管理驾驶舱——呈现出来，以便决策者以此为基础制定下一步经营计划，推动战略目标的顺利完成；管理者最需要的是更精细的、多维度的分析，以便及时发现经营中存在的问题，并向更高层级的管理者提出合理化建议或解决方案；基层员工可以从烦琐的手工整理数据中解放出来，从而将精力和时间用于更有价值的数据分析。

6.3.3　一份报告推动经营目标顺利完成

总体来看，智能化管理会计报告系统将为企业带来三大价值。

一是规范业务流程。通过梳理企业的业务运营体系，管理者和决策者可以站在企业整体角度，审视企业内部业务流程规范性。通过与各业务部门沟通、讨论有关分析指标、分析口径、指标更新频率以及目前日常分析中存在的问题，企业可以更好地改善业务部门的业务行为的规范性，消除过往业务流程对接中存在的瑕疵，使业务流程更顺畅、合理。

智能化管理会计报告系统对从业务到财务、从历史到未来、从内部到外部的运营数据进行全面监控，有利于管理者及时监督、完善、优化业务运作流程。

二是改善数据质量。随着企业内部各数据源的整合，通过建设统一的数据仓库，企业能够充分发现各业务系统中目前存在的数据缺失、不规范等问题。通过项目成果倒推前端业务系统的改进，以最终面向决策层和管理层的经营分析成果为契机，使各业务部门和信息部门一起对目前的业务系统数据进行查错补漏，规范日后的数据统计原则和制度，提升前端系统数据质量，为决策层和管理层提供更全面和更准确的分析数据。

例如，针对数据整合，智能化管理会计报告系统的数据主要来自 ERP 一体化系统。首先要打通企业内部从集团总部到各层级分子公司、事业部（或各项目）的业务和财务；其次要明确数据统计口径，对管理口径、数据来源进行统一，并通过清洗、转换、抽取将其整合到数据平台；最后对 ERP 系统中没有的一些零散信息以及外部信息进行补录，最终帮助企业建立一个高质量的、可靠的数据库。

三是提升管理效率。随着业务流程的规范、系统数据质量的提升，智能化管理会计报告系统可以通过指标预警、分层邮件 / 短信提醒等方式，让决策层和管理层能够快速地获取经过分析体系梳理的企业经营的关键数据。根据分析体系的引导，企业决策层和管理层能够层层向下钻取，快速发现目前管理中存在的问题，抢占先机，克敌制胜。例如，针对项目生命周期管理，其具体内容包括项目计划及进度管理、项目成本管理、项目收款控制、项目变更、项目状态监控和多项目类型支持，有助于管理者实现对项目的高效管控。

总之，一方面，智能化管理会计系统可以依据关键指标的完成情况，运用仪表盘、分布图、雷达图等可视化工具进行直观展示，实现动态监控；另一方面，该系统也可以从项目、年度、季度、业态、明细科目等不同维度，随时跟踪、查询预算的执行情况，对项目的实际运营情况与经营计划进行比较，掌握运营的动态，实行预警机制。当项目实际运营情况接近"预警线"时，系统自动发出预警信息，以提醒、警示相关运营人员、项目负责人、管理者、决策层等予以关注，甚至对问题进行查找、分析，并提出切实可行的解决方案。

基于智能化管理会计报告系统，业务人员、经营人员和管理决策人员能够随时随地看到全面的、真实的经营数据及预实对比，及时收到"预警"以发现问题、解决问题，最终推动经营目标的顺利完成。

6.3.4　让 H 集团离不开的管理会计报告系统是怎样炼成的 [6]

H 集团总部位于上海，是一家以开发中端精品住宅为主营业务的房地产开发企业。近年来，H 集团资产收益率持续高达 40% 以上，现金流、资产负债率等指标均持续保持在行业较高水平，这显示了这家企业在业务运营、业务管控、经营决策方面的出色实力。这样的实力，与集团管理会计报告系统（H 集团内部称为"运营监控平台"）的构建与应用密不可分。

总体而言，H 集团运营监控平台对集团从业务到财务、从历史到未来、从内部到外部的运营数据进行全面监控，如图 6-2 所示。同时，系统不仅支持在 PC 端运行，还支持在移动端展现，有效满足了集团所有管理层级对于数据获取便利、及时、规范、准确的需要，如图 6-3 所示。

图 6-2　H 集团 BI 决策门户

这套系统由滚动盈利预测分析平台和全局管理驾驶舱组成，覆盖营销分析、运营分析、成本分析、资金分析、HR 分析、投融资、客户、会员及客户等主题模块构成。全局管理驾驶舱是为决策层服务的，包括业务指标和财务指标两方面的数据。主题模块是为对应的业务部门服务的，每个主题下又分了若干个指标和模块，如营销分析主题下展现了营销概况、销售分析、回款分析、去化率分析、货值分析、企划分析等内容。

月度动态盈利预测是关系到各业务条线的重要管控方式，对于数据集成的需求极为强烈。滚动盈利预测分析平台为确保集团利润目标的实现，有力实施事中管控，展现各项目全生命周期中多维度的盈利预测分析数据，如图 6-3 所示。

如今，H 集团有将近 2 000 名员工夜以继日地在工作岗位上忙碌着，而其中包括集团高层管理者、中层管理者和基层员工在内的超过 1 000 人正在应用运营监控平台提升工作价值，运营监控平台已经成为他们工作上的好帮手。

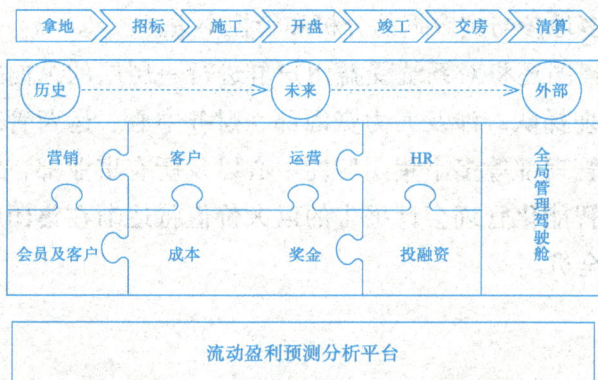

图 6-3　H 集团滚动盈利预测分析平台全景图

　　周五的夜晚，在和家人用完晚餐后，王董习惯性地拿出 iPad，了解集团最新动态。下周一要召开集团月度运营分析会，王董需要了解集团最新经营情况，并制定下一步的经营计划。iPad 似乎很懂王董的心思，很快地展示出系统全局管理驾驶舱，醒目的仪表盘上，集团销售金额、销售面积、结转收入、回款情况等他最关注的指标一个个飞快地跳到了眼前……

　　在前往机场的车上，运营管理部总监李总从包里掏出 iPad，直接进入运营监控平台，运营分析页面以红绿灯的形式向李总展现各项目在五大运营节点上的完成情况，看着年内交付项目的预警信息，李总沉思片刻，拨通了营销中心总监周青的电话……

　　营销中心永远是集团最忙碌的部门之一。周六的上午，高级营销策划师纪霞依旧坐在办公室的计算机前认真地对集团近一段时期的营销情况进行数据分析。运营监控平台上的营销分析模块已经将集团各区域公司、各项目每一天的营销数据进行整合、展现，纪霞现在最重要的任务是对系统汇集展现的图形和表格进行更深入的分析，挖掘数据背后的原因，并向单位领导提出建设性意见……

　　对于高层管理者而言，系统不仅使他们可以准确关注重点，还使他们可以以移动化手段更快地获取高质量的信息，支持他们进行及时决策及风险管控。

　　对于中层管理者而言，系统为他们提供了更为精细的分析、管控工具。BI 系统支持多维分析，可以从时间、组织、业态、产品类型和户型等多个维度，进行直观的图形化展示。

　　对于基层员工而言，系统可以将他们从烦琐的数据统计工作中解放出来，使他们更多地参与到数据的分析和管控中去。

　　未来，H集团还将对系统受益用户群进行一层层的纵向拓展，使其逐步覆盖集团管理梯队，涉及人力资源部、财务中心、运营管理部、营销管理中心、成本管理部等多个集团职能中心以及所有事业部，使受益对象逐渐变为全员。智能化管理会计报告的巨大价值将逐渐在集团中得到全方位的实现并覆盖全员。

6.4　智能技术驱动财务报告与管理报告融合 [7]

　　当前，在集团企业的财务体系中，往往同时存在财务合并和管理合并。**财务合并是传统意义的财务合并报表，是指反映母公司和其全部子公司形成的企业集团整体财务状况、经营成果和现金流量的财务报表**。它以量化的财务数字分科目表示，主要满足对外披露的需求，需要定期编制，并严格执行合并准则。管理合并即内部管理合并报表，内部管理合并报表的主要作用在于满足集团企业内部管理的需要，其形式、格式、编报的周期均由各单位自行确定，具有充分的自主性、灵活性。

　　随着市场竞争日益加剧，越来越多的企业意识到"抓管理，练内功"的重要性。越来越多的企业运用管理报告的手段进行管控和企业绩效评价。相较于财务报告，管理报告具有三个方面的优势：**一是能够贯穿过去、现在和未来，更具有前瞻性；二是层次较高，可以应用于不同的工作主体；三是观察更细致，完整地反映企业内外部经济运营情况**。但是，由于管理会计没有行业、企业标准，所以如何构建合适的、能用于决策的管理会计报表体系，是每一个企业的课题。实务中，不同的企业应用管理报告的范围及效果也不尽相同。

　　然而，长期以来，人们以为财务合并报表和管理合并报表相互独立，这桎梏了管理合并报表的应用发展。随着理论、技术和经济的发展，财务合并报表与管理合并报表的融合之势将日益明显，企业合并报表体系将逐渐向财务、管理融合的智能财务报告体系迈进。

6.4.1　财务合并报表需与管理合并报表融合

财务报告编报规范、严谨，数据准确。管理报告与财务报告如不融合，则数据可靠性持续存疑，应用受限。

尽管财务合并报表与管理合并报表都被称为合并报表，但从理论上来说，财务合并报表属于传统财务会计范畴，通常由财务部门负责编制；而管理合并报表属于管理会计的范畴，通常由管理部门或财务部门下属管理会计相关部门负责编制。

财务合并报表和管理合并报表因所属理论范畴不一，各自都有显著的特点。财务合并报表以凭证、账本、个别报表、合并报表构成完整的内容，数据清晰可查，规则标准统一，过程可追溯，结果经过审计核查，准确、完整、可信。而管理合并报表从管理控制及绩效评价角度出发，更关注细节信息，如管理会计（报表）可展示单个产品、部门（甚至员工）或顾客的财务信息，并且可用于模拟不同经营方案的财务结果（如本量利分析）。

长期以来，因管理会计和财务会计支撑理论的独立性，以及实务中管理报告和财务报告分离的通常做法，导致大家对财务合并报表和管理合并报表形成了二者相互独立的误解（两者区别见表 6-1）。然而，我们认为，这种人为对财务合并报表与管理合并报表进行切分，使其相互独立的认识和做法，已经成为限制管理合并报表应用范围扩大和价值发挥的主要因素。

表 6-1　财务合并报表和管理合并报表的区别

	财务合并报表	管理合并报表
目的	向投资者、银行、管制者和其他外部各方传递组织的财务状况	帮助管理人员做决策，以实现组织的目标
服务对象	外部用户，如投资者、银行、管制者和供应商	组织内的管理人员
时间导向	面向过去 当年编制上一年的业绩报告 当期编制上一期的业绩报告	立足现在，回顾历史，面向未来 一切对于历史的复盘都是为现在的行动和未来的目标而服务的
数据维度	以财务数据为主	业务数据、财务数据、一切"有用的"数据
计量与报告规则	财务合并报表必须根据公认会计原则编制，并经外部独立审计师审计	内部计量报告，不需要遵守公认会计原则，但要做成本效益分析

续表

	财务合并报表	管理合并报表
时间跨度	通常是以公司作为一个整体的年度或季度财务报告	时间跨度最小为每小时，最大为20年，可以是有关产品、部门、地区和战略的财务与非财务报告
报告主体	会计主体	管理责任单元
行为意义	主要报告经济事项，但也会影响行为，因为管理人员的薪酬通常基于报告的财务成果	意在影响管理者和其他职员的行为

站在使用者的角度，一方面，无论是财务合并报表还是管理合并报表，其数据均应为企业的真实数据，数据结果不应存在重大差异。但在实务中，很多企业通常是同一套底层数据、两班人马、两个规则，数据在客观上存在差异，结果可想而知。而多数情况下，我们难以对这些差异进行解释，即使要解释也需要耗费大量的人力、物力。另一方面，财务合并报表在编制中规则严谨，且经过审计师的审计，数据质量更高，更具可信度。而管理合并报表根据内部管理的需求而编制，且无须经过审计师审计，一旦与财务合并报表差异较大，数据准确性就容易遭到质疑。两类报表中存在的数据差异，极大地削弱了管理合并报表的可靠性与可用性。财务合并报表的规范性、准确性和管理合并报表的业务性、指导性需要有机融合，以更好地满足企业内外部的要求。

从理论上来说，财务会计和管理会计作为会计学的两大分支，均服务于企业的经营和管理。财务会计是企业从提高经济效益的角度对已完成的资金运动进行全面、系统的核算与监督的经济管理活动；而管理会计是指会计人员通过一系列专门方法，利用财务会计提供的资料及其他资料进行加工、整理和报告，对企业经济活动进行规划与控制的一种会计类型。管理会计和财务会计有融合的基础：其一，两者研究的对象一致，即企业的经营活动，在企业发展中，财务会计从资金运转的角度，管理会计从各部门协调发展的角度，对企业经营活动的数据信息进行收集与整合，从而为企业的经营决策提供必要依据；其二，两者的信息来源是一致的，在信息技术不断应用于企业内部经营管理的背景下，无论是财务会计还是管理会计，二者收集经济活动信息的过程都建立在一定的信息管理系统之上，而这也为二者的信息融合提供了便利。

当前，在信息技术的推动下，随着财务数据中台、业务数据中台等创新理念的引入和发展，财务数据亦将实现中台化。在财务数据中台，企业可以使用功能较强的财务系统，对财务会计和管理会计科目及相关信息进行细致的分类编排，以便于数据检索和统计分析的进行。二者在统一数据源库中的应用，可以有效避免会计信息失真现象，也对复杂、烦琐的会计基础工作进行了必要的简化，实行集中化、统一化的管理。因此，财务会计和管理会计不再是泾渭分明、独立运行的系统。未来会计的信息结构将不再有财务和管理的概念。财务会计与管理会计相融合，才是完整的会计。基于这一判断，财务合并报表与管理合并报表也应逐步实现融合。

从实务上来看，财务合并报表和管理合并报表关注的数据有高度的一致性，两报融合有利于对数据的综合利用。一方面，财务合并报表的编制者需要基于对业务信息的了解才能更准确地进行账务处理和信息披露。例如，编制者需要了解（Business Unit，业务单元）经营状态、区域、产品、业务类别等业务信息才能编制出合规的分部报告。同时，编制者还要基于对应收账款所涉及项目的状态、区域、责任部门、客户、客户资信等情况的了解，才能对应收账款做出科学的风险评估，继而完成坏账计提和相关账务处理。另一方面，管理合并报表的使用者在关注经营信息的同时，也会对收入、利润、回款等财务经营的主要信息给予直接关注。

当前，企业信息系统的发展日新月异，在技术上已普遍采用多维架构，并引入内存计算技术，可支持对财务数据的业务化属性的分类和展现，为管理合并报表及财务合并报表的融合提供了技术支撑。数据的多维架构改变了传统、固化的二维报表的劣势，赋予财务数据更多业务属性，以完成管理会计与财务会计的有效融合。例如，可赋予传统财务会计包括的收入、成本、毛利更多的业务属性，如分区域、分产品的数据展现等；以及更多管理会计的业务属性，如本量利分析等。内存计算技术的应用则可保证多维数据的实时计算、实时查询，快捷方便。

总体而言，尽管财务合并报表和管理合并报表的关注方向各有侧重，但对数据的总体需求一致。基于先进的信息系统，财务数据在被赋予管理属性的维度后，既可以满足外部机构对财务数据的需要，也可以满足内部机构对经营分析数据的需要。

6.4.2　基于组织、科目和管理的属性构建三维数据魔方

按前文所述，为实现财务合并报表与管理合并报表的融合，我们首先需要构建多维度的数据基础。为此，我们需要以组织、科目、管理为属性构建三维数据魔方。

基于责任主体构建的组织，以满足财务要求的科目体系和满足管理要求的辅助核算体系构成了合并报表最核心的数据基础。在责任会计理论的指导下，为适应经济责任制的要求，在企业内部建立若干责任单位，并对它们分工负责的经济活动进行规划、核算、控制、考核与业绩评价。业绩评价应基于准确核算。因此，从企业中分离出众多的独立核算和相对独立核算单位，实行独立的核算，这样，哪个业务盈利或亏损，哪个部门盈利或亏损也变得相当清晰。根据交易型业务的特点，最小的核算组织形成的会计信息也是海量的。从海量的、繁杂的会计信息中提取多维立体的有效信息，是企业管理决策的制胜法宝，也是会计信息系统在信息时代的新任务。会计体系的构建通常以科目为基础，通过对会计科目设置管理属性的辅助核算，从交易信息中提取多维立体有效信息，以实现交叉互立式信息查询，满足披露及管理报告的需求。

核算组织的设计要满足管理报告直接取数或者分摊取数的需要。合并组织最小报告单元的数据来源于核算。因此，核算的设计应满足合并组织最小报告单元取数的要求。对核算组织的设计有多种方式，例如，可以从是否独立产生利润的维度，将其分为独立核算主体、非独立核算成本中心和利润中心；或以不同事业部为维度，将其分为横跨核算主体的事业部、产品线等。不同的组织设计，对管理报告数据的支撑力度不一。

通常，法人报告的最小报告单元为独立核算主体，当分公司独立核算时，则最小法人报告单元为分公司。合并报表应从该公司的核算科目余额表中取数，通过设置好的取数规则自动生成，如将核算的现金、银行存款及其他货币资金取数至合并报表主表货币资金科目。

最小法人报告主体一般相当稳定，而管理口径最小报告单元的设置以及取数规则则相对灵活。举个例子，某集团管理层要求，本年度不仅需要考核某利润中心的利润指标，还需要考核该利润中心因应收账款回款不及

时导致的资金占用并计算资金占用费。此时，对于利润表的相关数据，企业可以基于取数规则从利润中心辅助核算科目余额表中生成并获取。同时，企业可以基于特定的规则计算出归属于利润中心的应收账款金额。如果前端业务系统中有客户与利润中心的归属关系，则可以通过这种关系确定应收账款余额的归属方；如果缺乏前端业务系统支撑，则无法找到客户与利润中心的归属关系，需要采用简单分摊的方式找到应收账款的归属方（通过程序自动生成分摊规则，可按收入占比分摊，按生产总量占比分摊，按可承受力分摊，等等）。

通过这个例子我们可以看出，当企业参考上述分公司取数示例，实现精准核算和精确取数时，需要将最小报告单元设置为独立核算主体。当企业的最小报告单元为成本中心、利润中心、产品端或者事业部时，对损益表科目可以进行精确取数和分析，而对资产负债类科目则需要通过制定分摊规则进行取数，或者不纳入管理报告指标体系。

要实现财务合并报表和管理合并报表的融合，除了要从组织、科目的属性上对财务数据进行分类，最关键的是还要赋予财务数据以管理的内涵。这就需要结合披露要求及管理思想对不同的数据进行维度信息的设定。结合管理思想，基于前端系统的数据脉络，财务数据可自动被赋予管理属性，在满足披露要求的前提下，助力企业经营管理分析。

以货币资金为例，企业通常会采用本位币和原币进行双币核算。现金分币种、银行存款分银行分账号、其他货币资金分银行分账号进行列示；现金流量项目原因代码在核算时手工勾选或者通过程序自动标识。站在报告披露的角度，货币资金的科目数据需要满足货币资金附注（分币种，分科目），现金、银行存款及其他货币资金的披露要求，现金流量项目可通过项目流量原因代码自动归集。站在管理的角度，这种传统核算方式往往存在一定的弊端——既无法统计关联方现金流量，又无法满足关联方现金流量披露及内部现金流量抵销的需求，更无法统计资金回款及资金去向，还无法从区域、产品线、事业部等多维度对资金回款和资金使用情况进行分析。

为满足管理的需求，我们需要确定合并报表中需要哪些维度的货币资金数据。除现金流量项目外，增加其他的维度信息，如往来单位信息，通过往来单位分析，确定资金的来源和去向，并设置程序自动获取现金收付凭证的往来单位信息。在法人报告中，利用该往来单位信息，与集团关联方清单进行自动比对，满足后续现金流量合并抵销以及集团合并范围外关联方现金流量披露的要求。在管理报告中，可基于往来单位信息进一步赋维，根据 ERP 前端主数据相关信息（如区域、产品线、事业部等多种维度信息）对责任部门的现金流量项目进行标识，并根据这些标识进行多维分析。

仍以货币资金为例，企业可将原货币资金、现金流量项目，通过规则自动赋维至基于不同往来单位的现金流量项目、基于不同关联方的现金流量项目、基于不同区域的现金流量项目、基于不同产品线的现金流量项目、基于不同事业部的现金流量项目等。其他科目也可通过类似方法进行赋维。综合赋维后，企业可利用多维属性开展数据分析。

6.4.3　合理规划合并架构及规则

三维数据魔方为两报融合的实现打下了数据基础。合理规划合并架构及规则则为两报融合的实现提供了核心支柱。

基于编报流程，合并报表是底层数据聚合汇总后，结合合并准则相关要求进行抵销调整最终生成的。因此，基础数据完备后，数据聚合的路径（合并架构）及合并规则的设计便至关重要。

一方面，数据聚合的路径可根据企业的管理要求，设置管理合并架构或者财务合并架构。多架构下，管理合并及财务合并应共享数据魔方底层数据，并按管理关系或合并（控制）关系自动生成多管理口径和财务合并口径报告。财务报告通常以法人为报告主体，财务合并架构通常按股权关系或者控制关系设置；而管理报告主体比较多样，可以来自产品、部门、事业部等多种维度，管理合并架构通常按管理隶属关系设置。无论两个架构差异如何，最小报告单元底层数据，都需要依赖于企业 ERP 最小核算主体通过不同的维度组合取数生成。将最小报告单元置入管理合并架构或财务合并架构之下，则双口径报告可自动聚合生成。

另一方面，企业应以"GAAP（Generally Accepted Accounting Principles，一般公认会计原则）加管理调整"的方式兼容财务合并规则

的严谨性与管理合并规则的灵活性。财务合并严格执行会计准则，合并流程严谨，并有外部审计机构审计，数据准确性受到广泛认可。而管理合并规则需要根据管理特点及管理规范设置。各企业的特点及管理环境各异，给通用管理合并规则的设置增加了困难。从实务中看，参照会计准则设置管理合并规则，通常易被大家接受并推行。而个性化的管理调整规则，则可以以管理调整的方式进行。管理调整需要执行完整的内部管理调整审批流程。

6.4.4　六步构建"财、管融合"的合并报表体系

基于上述理念，依赖主流的合并报表产品，企业可以尝试分六步构建财务合并报表和管理合并报表融合的合并报表体系。

（1）按最小报告单元归集底层数据

当企业的最小报告单元与核算主体一致时，则最小报告单元可直接按会计主体构建；若企业的最小报告单元小于核算主体，则需要在合并前将核算主体的数据拆分为两个或者多个合并主体，并按一定的规则将相关账套数据进行拆分（常见的拆分可以"科目＋成本中心＋利润中心"等辅助核算自动归集）。如某零售集团最小报告单元为门店，而最小核算主体为城市公司。在报告体系中，企业可将门店设置为最小报告单元，法人主体城市公司的核算数据可以门店为基础，设置规则进行拆分。对于损益类科目，可通过利润中心核算到店的，直接通过"科目＋门店"的方式直接归集；不可核算到店的，在同城市各门店之间采用一定的规则进行分摊。

（2）赋予财务数据以管理属性

传统财务合并报表包括主表及相关附注信息，管理维度缺失，需融合管理会计思维进行财务数据的扩维。以某燃气集团为例，在应收账款科目中可增加项目状态（完工—已通气—已点火、完工—已通气—未点火、完工—未通气、未完工等）这一维度进行分析。每期期末，企业可将应收账款余额关联到相关的安装项目并按项目状态赋维，便于管理层按不同的项目状态查询应收账款明细信息。

（3）构建财务合并架构，将最小报告单元纳入财务合并架构

根据《企业会计准则第 33 号——合并财务报表》要求，合并报表应以

集团各层级控股公司为编报主体，并根据控股公司对子公司的股权或者控制权来判断、确认该合并主体的合并范围。合并范围确认以后，应以底层数据合并范围自动聚合，形成汇总报表。

（4）完成财务合并报表，形成单户贡献式报表、形成集团合并报表

按合并准则完成长期股权投资与权益、往来、内部交易、现金流量等相关信息的抵销处理，形成最小报告单元贡献式报表（最小报告单元剔除应抵销数据之后的报表），并按法人架构自动聚合生成各个层级的合并报表。

（5）构建管理合并架构，将最小报告单元纳入管理架构

根据企业内部管理的要求，管理合并报表应以集团各考核主体为编报主体，并根据控股公司与子公司的管理隶属关系，来确认该管理合并主体的合并范围。合并范围确认以后，应将底层数据（贡献式报表）以合并范围自动聚合，形成管理报表。

（6）管理调整，形成企业各层级管理报告

根据企业的管理特点进行相关调整，以增强管理报告对企业的适应性。通常的管理调整有管理分摊、考核责任豁免等。

展望未来，企业合并报表平台应是融合了管理会计及财务会计思想，充分使用内存多维计算技术的智能财务报告平台。该平台以财务组织及科目为经，以管理属性为纬，以时间序列为轴，形成智能财务报告的数据时空长廊。在这一长廊中，企业不仅能够以财务组织及科目经度为媒，透视满足披露要求的所有财务数据，透过财务看业务；又能够以管理属性纬度为媒，透视管理分析报告，透过业务看财务；还能够以时间序列为媒，突破传统会计期间的限制，分析任何时点、任何期间的企业业务、财务状况和经营成果。

第 **7** 章 智能化让战略
管理如虎添翼

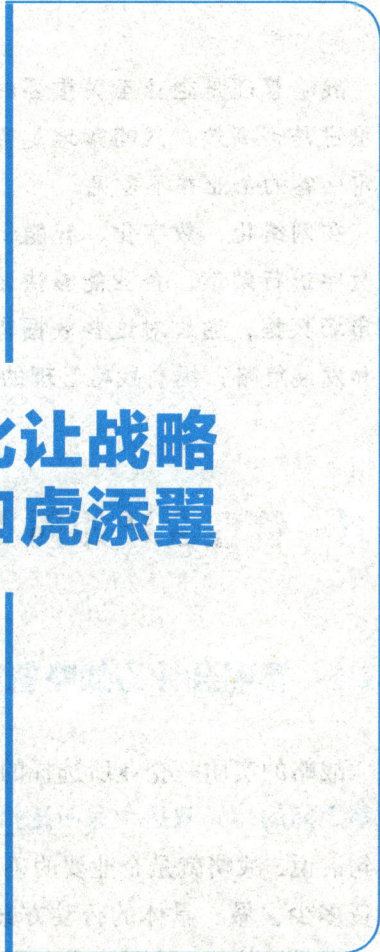

战略管理是企业至关重要的管理内容。然而，战略制定是否科学？战略推进是否高效？战略落地是否有力？现实经济社会中，对这些问题给出肯定回答的企业并不多见。

在网络化、数字化、智能化的新时代，企业管理中的各个环节都可以用数字进行解读。企业能够快速、实时、准确地获得动态的内部经营和外部市场数据，通过对这些数据背后逻辑关系和规律的挖掘，制定科学的经营和发展策略，提高战略管理的科学性与可执行性。

7.1　管理会计如何支撑战略管理

7.1.1　管理会计为战略管理提供信息支撑

战略的实质是企业所选择的可以使其成为卓越组织的特定活动。因此，**战略之间的差异就是企业所选择的活动内容和从事这些活动的方式的差异**。换句话说，战略就是企业要明确未来定位是什么、该做什么、什么时间做、投资多少去做、具体的行动方案是什么、收入是多少等，并以此为基础形成一套关键的经营方式、价值愿景、资源配置方案和财务运行机制。

通常而言，企业的战略是一种偏宏观性、规划性的文件。它从整体出发概括了企业的特征以及未来较长一段时间内（如 5 年、10 年甚至 15 年）的发展目标。企业想要把战略变成现实，不可能一步到位，而是需要基于战略分析、战略制定、战略实施、战略评估和控制等工作开展战略管理。

战略管理必须基于信息，特别是量化的管理会计信息的运用。战略管理的核心：首先是企业高层管理者基于所掌握的内外部信息，对于影响企业发展的一系列重大问题的决策；其次是既定战略执行过程中的业务计划、组织建设、资源分配、执行过程管理，以及执行成果监控等具体操作；最后是战略偏差管理，特别是目标偏差分析、策略与计划的调整以及对应的组织与人员的绩效管理。

战略管理的基础，既有外部信息，也有内部信息；既有量化信息，也有非量化信息。 其中，量化的信息是战略决策的重要依据。管理会计信息、管理会计的工具方法、管理会计成果的运用，贯穿战略管理活动的始终。

从战略管理过程角度进行分析，管理会计在战略分析、战略制定、战略决策、执行分析与监控、绩效管理等环节获得应用。从集团战略、公司战略到职能战略，管理会计的应用程度逐层加深。运用管理会计对战略管理进行决策分析时，会涉及众多的领域和分析主题，并且可能应用到企业内部历史数据、预测的未来数据以及外部行业数据等管理会计信息。管理会计信息应当全面反映企业战略执行的情况，从多个角度、多个维度反映企业经营状况，具备及时性和满足管理层决策支持需要等特点。

以战略制定为例，战略管理要实现绩效的突破性提高，因此，战略目标与正常可达到的水平之间往往存在一个较大的缺口，战略的制定和实施就要"填平"这个缺口。为此，企业要从各个方面将这个缺口转化为具体的目标，并制定战略行动计划（或称战略启动计划，战略行动方案、措施），以促进具体目标的实现，最终填平缺口。这中间有两个关键问题。**一是如何确保战略目标是科学、合理的？换言之，如何确定战略缺口是有挑战性但又可实现的？二是各部门如何协同，采取哪些行动来共同填平这一缺口？**

例如，某企业确定战略目标为 3 年内实现增加利润 1 000 万元。那么，这一目标距离当前实际差距有多大？不同区域、不同业务间怎样分配这些缺口指标？哪些业务是重点突破业务？为取得利润大幅增长，需要采取哪些行动？

显然，要回答这些问题，需要大量缜密的数据信息支持。管理会计作为企业管理体系中量化管理的部分，既以数据为始，又以数据为终，不仅集合了企业财务数据、业务数据和行业数据等源数据，而且基于数据处理又生成大量经营计划、决策、分析数据。应用平衡计分卡、战略地图、战略测算等管理会计的工具和方法，企业可以获得多维度、有效的战略管理信息。这些信息不仅能全面反映企业战略执行的情况，还能从多个角度、多个维度反映企业经营状况，并且具备及时性，能支持领导决策。

7.1.2　管理会计为战略管理提供信息系统支持

大型企业的战略管理对信息化平台的依赖度很高，信息系统是在战略管理过程中应用管理会计工具的重要技术保障。**企业需要借助信息化开展战略管理。**

例如，企业应当对分析主题及需要应对的问题做出明确的定义；应当对相关的数据做出明确的定义并确认其来源和质量；应当明确数据管理责任，并形成对数据信息进行维护、更新的机制。这些都需要信息系统的支持。

在战略管理中，企业应具有数据存储系统、建模与信息处理系统、信息展示系统，战略管理信息系统可推动企业战略管理工作的有效完成。同时，为高效开展企业战略管理工作，企业战略管理信息系统不是孤立存在的，其还需要与企业管理会计系统和内部各营运信息系统实现数据集成。

例如，在分解战略目标时，一方面企业需要从前端业务系统和管理系统中采集各项基础数据，另一方面企业又需要将形成的结果导入预算管理系统中，作为企业年度的经营目标。高度集成的信息系统可以助力企业以自动化方式完成上述工作，无须人工介入，将大大提升工作效率。

7.2　用智能技术助攻精准战略管理

战略管理离不开企业对自身情况、竞争对手情况及市场环境的了解，这些情况具体反映在内部和外部数据上。新一代信息技术为战略管理提供了准确、实时的市场动态数据。基于数据中台的智能管理平台能够对这些数据进行收集、治理、计算和分析，助力企业进行战略分析、战略制定、战略实施和战略评价和控制，实现智能化的精准战略管理。

7.2.1　从丰富的数据到正确的战略

　　确定战略规划是企业战略管理的核心内容之一。确定战略规划就是企业基于对外部政治、经济、市场环境，自身在价值创造中的优劣势，以及面临的机会和威胁等的分析，制定并设计未来的战略目标和行动方案的过程。

　　企业在确定战略规划的过程中不仅要了解企业所处的外部环境正在发生什么变化、这些变化将给企业带来更多的机会还是更多的威胁，而且要评估自身愿景和资源，这些都需要依赖丰富、准确、有效的信息。这些信息不仅包括大量结构化数据，还包括大量非结构化数据。例如，企业开展战略分析时，不仅需要分析行业环境中的需求、供给和竞争者等因素的变化，还要分析政策法律环境、经济环境、技术环境和社会文化环境等；其中很多数据并不是可量化的结构化数据，而是非结构化数据和半结构化数据。在传统信息系统下，这些数据既难以被收集，又难以被有效存储和加工处理。而新一代信息技术，尤其是智能技术和大数据，给数据存储、数据传输、数据治理、数据分析、数据处理等方面都带来了质的变化。数据中台能够全面、实时地汇集企业内外部的结构化和非结构化数据，为企业开展战略分析提供全面、实时、可靠的数据支持。

　　举个例子，企业往往采用 SWOT 分析法开展内外部环境分析。S 是指企业内部的优势（Strengths），W 是指企业内部的劣势（Weaknesses），O 是指企业外部环境中的机会（Opportunities），T 是指企业外部环境中的威胁（Threats）。在具体分析中，这四个象限的相关数据多采用人工收集、问卷调查、回访调查等手段获取，数据数量有限、随机性较高、时间周期长。企业在具体分析中往往更多地依赖于主观经验判断而不是深入的数据分析，这使得分析结果不一定能科学、全面地反映企业真实情况。而借助数据技术，企业获取数据的数量、质量、时效性都能够获得大幅提升。例如，应用网络爬虫技术，企业可轻松从网络上实时获取行业市场和竞争对手的信息等，集中汇入数据中台，开展数据治理、数据计算和挖掘，有力确保企业战略规划的正确性。

7.2.2　破解战略执行"老大难"问题

管理大师德鲁克曾经说过："管理是一种实践，其本质不在于'知'，而在于'行'。"这个"行"就是执行。战略规划难，战略落地更难。据《财富》杂志统计："战略有效地制定出来后，得以有效执行的不到10%。"战略执行是战略管理的行动阶段，是使既定的战略转化为实际行动并取得成果的过程。它是指通过一系列行政、经济、法律手段，为达到战略目标所采取的目标分解、业务计划、人员组织、资源分配、制度政策以及协调沟通和管理控制等一切行动。战略制定的关键在于其正确性，而战略实施的关键在于其有效性。战略实施的成败取决于能否把实施战略所必需的组织、资金、人员、技术等资源及各项管理功能有效地调动起来并加以合理配置。

随着企业管理体系的日益发展和完善，战略执行对高效、先进工具方法的依赖与日俱增。作为平衡计分卡的进一步发展，战略地图是为描述平衡计分卡四个层面目标（财务、客户、内部业务流程、学习与成长）之间的因果关系而绘制的可视化的战略因果关系图。它不仅可以在整体上清晰地反映企业愿景、使命、战略与财务、客户、内部业务流程、学习与成长四个层面之间的支撑关系，并且在局部也直接勾勒出每个层面的战略目标与战略主题（重点工作）的对应关系，从而详细且清晰地描绘出企业战略落地的逻辑路径图，是推动战略落地的有效工具。

在数字化新时代，信息的传播冲破了时间、地域，甚至是语言、文字表达的制约。数据中台为企业汇集了海量、高增长和多样化的信息资产，也使这些信息的实时获取与共享成为可能。数据技术的实时和动态调整功能与战略地图的动态性完美契合。借助机器学习、深度学习、神经网络、数理统计等数据挖掘技术，企业的战略管理部门将不再局限于模板化、公式化的财务报表数据，能够及时、有效地获取更为全面、深入、多样化的战略执行数据，对各责任中心的经营活动进行动态跟踪，找出影响战略实现的因素，有的放矢，实现各部门间乃至产业链上各个环节的协作共赢，有力推动战略的有效落地。

7.3　智能化战略管理的场景化应用

7.3.1　盘家底、知缺口、测目标

随着信息技术的发展，越来越多的企业通过构建战略模型来开展战略管理。例如，PEST 分析（不易量化）、态势分析（SWOT 分析，不易量化）、波士顿矩阵（强制量化）、GE 九宫格矩阵（麦肯锡矩阵，强制量化）、五力分析（强制量化）、竞争分析（强制量化）、蓝海战略分析模型（强制量化）、价值链分析（强制量化）、核心竞争力（不易量化）等战略主题分析模型，以及鱼骨图、差异分析等管理分析方法。通过在信息系统中搭建模型，企业能够定位和调取模型中的相关数据，根据这些数据之间的钩稽关系进行循环实验、计算，最终获得更为科学、可靠的结论。

战略测算模型是模型分析法在智能化时代的典型应用。企业通过构建战略测算模型确定战略目标，各部门可结合企业战略目标设定本部门的战略目标，并将其具体化为一套关键财务及非财务指标的预测值。具体而言，企业可基于当前经营现状和战略目标，应用战略测算模型对未来经营情况进行战略推演和测算，以实现快速的战略模拟，并输出会计利润、毛利润、现金流量等指标，将战略目标分解细化为具体、可执行的动作。

企业在实施战略测算时可分三步走：第一步先对自身家底进行细致分析，以清楚了解在当前经营下企业可最终取得的财务结果；第二步基于对家底的分析获知战略缺口；第三步搭建战略测算模型对战略缺口进行测算和预估，并细化行动计划。通过盘家底、知缺口、测目标，提前了解未来需要如何布局才能完成战略目标。

7.3.2　时代中国：战略模拟使企业快人一步 [8]

时代中国控股有限公司（下文简称"时代中国"）是一家中国房地产百强企业，2013 年在香港上市。公司于 1999 年成立，业务辐射广州、佛

山、珠海、中山以及长沙等城市。尽管在过去几年，整个房地产行业调控力度不减，全国商品房成交整体增速放缓，但时代中国依然取得了不错的业绩。根据其发布的 2017 年财报，整个 2017 年，时代中国合同销售额突破 416.29 亿元，较 2016 年同比增长 41.9%。

2018 年 3 月，时代中国确立了成为"城市发展服务商"的新定位，业务模式将从传统房地产企业向城市发展服务商进行战略升级，并逐步发展城市更新、长租公寓、社区服务、物流仓储、教育、家具家装等业务板块。伴随着公司的"新定位"，在充分考虑行业政策环境、市场竞争等各种相关因素变化的基础上，结合公司自身发展现状、内在经营情况、管理水平和员工素质等因素，时代中国制定了新的战略规划，并将战略目标进一步细化为关键绩效指标，如将集团战略指标细分为竣工面积、新开工面积、合同销售额、融资金额、新增土地面积、年末土地储备；又如在合同销售额方面，公司定下了 3 年内实现 1 000 亿元的战略目标。

对时代中国而言，公司制定了短期内销售额达到 1 000 亿元的战略目标，根据此战略目标，公司需要先对现有资源进行盘点，并将其和公司的战略目标进行比对，据此获知公司未来的战略缺口，帮助自身了解未来需要如何布局才能填平缺口。例如，要填平战略缺口需要拿下什么样的地？拿几块地？什么时候拿？在哪个城市拿？拿地后全周期的利润情况、现金流情况怎样？从本质上来看，时代中国的战略测算是一种对旗下包括住宅、商业、车位等业态进行全周期测算的过程。

要进行战略测算，自然要对现有资源进行盘点。公司所有在建项目均需根据面积、单价、去化情况、进度、成本、税金、费用编制全周期项目预算。年度预算作为项目预算中某段时间的一个版本，同时也是年度考核的基础和依据。只有盘家底之后，公司才可获知自身战略缺口的情况。

时代中国战略测算平台，主要由基础假设（面积规划指标、标准工期、关键节点、税费率等）、供应计划（期初可售货值、新增可售货值）、销售计划（销售面积 / 套数、销售金额、销售单间、期末可售面积 / 套数等）、回款计划（已售回款、新售回款、逾期应收回款）、项目成本（增值税地价、建安成本、契税、资本化利息）、付款节奏、融资计划（贷款计划、还款计划）、结转计划（结转面积、结转收入）、税金和费用（增值税、销售费用、管理费用、财务费用等）等模块组成，这些模块之间有紧密的钩稽关系，根据这些业务模块可得到经营成果，测算出毛利润、净利润、利润率等指标。

在上述模块中，项目基础假设是后续战略预测的重要信息，基础假设的准确性会直接影响到后续的预测数据质量。为了为测算提供数据支撑，时代中国搭建了标准项目库，如图 7-1 所示。该项目库主要包含项目产品业态结构、项目分期假设、项目土地支付等指标标准项目单方造价、项目去化、项目回款节奏、项目贷款假设等标准，同时还为此搭建了一个标准项目测算模型。也就是说，当标准确定之后，时代中国可通过标准项目测算模型验证此标准是否合理，利润率是否达到要求。换言之，标准项目测算模型可以在很大程度上保证时代中国的战略测算的数据准确性。

搭建标准项目库及标准项目测算模型，为测算提供数据支撑

标准项目库	目录	维护部门
	1.1 项目产品业态结构标准	设计管理部
	2.1 项目分期假设标准	项目管理部
	2.2 项目工期标准	项目管理部
	3.1 项目计容面积、地价、单价标准	投资拓展管理部
	3.2 项目土地支付节奏标准	投资拓展管理部
	4.1 项目单方造价标准	成本管理部
	4.2 项目建安成本支付节奏标准	成本管理部
	4.3 项目建安成本假设标准	成本管理部
	5.1 项目去化标准	营销管理中心
	5.2 项目商铺开售时间假设标准	营销管理中心
	6.1 项目回款节奏标准	财务管理部
	6.2 项目费用比例标准	财务核算部
	6.3 项目计税假设比例 - 集团标准	税务管事部
	6.4 项目计税假设比例 - 区域标准	税务管理部
	7.1 项目贷款假设标准	融资综合事务部

项目费用比例标准						
地区	管理费用比例	销售费用比例	财务费用比例	管理费用资本化比例	管理费用抵扣比例	销售费用资本化比例	销售费用抵扣比例
广州	2.5%	2.5%	5.0%	50%	0%	20%	90%
佛山							
中山							
珠海							
清远							
长沙							
惠州							
东莞							
深圳							
汕头							
云浮							
上海							
北京							

图 7-1　时代中国标准项目库示例

在时代中国战略测算平台中，一个最为主要的功能便是战略测算的拖拉拽。所谓战略测算拖拉拽，实际是把整个战略测算进行图形化。在战略测算拖拉拽界面，会按三年展示现有项目加上虚拟项目及中长期项目的销售额、拓展面积、数量、货值，开工面积、竣工面积等信息，战略测算托拉拽是一项十分有特色的功能设计，主要表现在以下方面。

第一，将标准项目库的项目拖拽到某公司下的具体年月上，其会自动生成该公司下的虚拟项目，并实现将土地获取时间改为此年月，其他节点根据工期推算，再根据去化率、单价等计算销售额，并能汇总到集团。

第二，将中长期项目库的项目拖拽到某公司下的具体年月上，其会自动将土地获取时间改为此年月，但原项目一级开发的相关支出信息仍然保留，后续计算与标准项目库要求的一致。

第三，具有灵活变动项目的区域属性。例如，新建广州西公司，将广州其他公司的部分项目归属在此公司下。

第四，支持多版本、多组织结构，不同版本的数据对应不同的组织架构，由于在每一个新进入区域，每一个版本测算可能都具有不同的结果，所以，这对于时代中国战略测算来说，是一个十分核心的需求。

得益于时代中国所采用的C1预算系统本身所具有的良好计算性能，在搭建成功后，时代中国战略测算拖拉拽展现出了极佳的操作灵活性，其中，一个分期的计算时间只需要0.9秒，存在两个分期的项目计算时间则在2秒以内。

经战略测算之后，系统可生成多个版本的战略经营计划，经过企业管理层审批决策之后，形成最终版本的三年经营计划。

随着我国房地产行业竞争环境的日益复杂，房地产企业越来越需要改变其制定预算目标过于短视的行为，站在企业中长期发展的角度，去重新审视、规划企业的经营行为，进行科学、合理的资源配置。**时代中国通过战略测算，填平战略目标的缺口，制定三年经营计划，并将三年经营计划作为年度目标，参与滚动测算，跟踪战略目标的完成情况。**总的来说，时代中国战略测算平台帮助企业实现了快速的战略模拟，帮助企业立足当下，预测未来，使得企业决策快人一步。

同时，**战略测算不是孤立存在的。**时代中国在通过战略测算形成三年经营计划之后，利用滚动预测对三年计划进行分解和修正，使企业的战略目标真正得以有效落地。

第 **8** 章　拥抱智能化，构建全流程高效营运系统营运管理就是对运营过程的计划、组织、实施和控制，是与产品生产和服务创造密切相关的各项管理工作的总称。从另一个角度来讲，营运管理也可以指对生产和提供公司主要的产品和服务的系统进行设计、运行、评价和改进。营运管理对上承接战略目标，对下统领预算管理、成本管理等价值链管理节点，在企业治理层面和管理层面对整条价值链进行管控。营运管理不仅包含"产、供、销"环节，还包含事前产品开发、事中技术改造、设备投资和财务、人力资源后勤支持等。从时间上分为长、中、短期营运管理。

营运管理是企业管理会计能够发挥重要作用的领域，管理会计在营运管理领域的应用主要体现在研发、销售、生产、采购等经营活动的决策支持上。

8.1　做好营运管理为什么离不开管理会计

（1）高效的工具方法

管理会计为企业营运管理提供了一系列成熟的工具和方法，包括本量利分析、敏感性分析、边际分析、杠杆管理等。多数企业可以综合利用多种方法对营运业务进行管理。本量利分析明确了成本、业务量和利润这三者的依存关系，对成本、利润、业务量与单价等因素之间的依存关系进行具体的分析，研究其变动的规律性，为企业进行经营决策和目标控制提供有效信息支撑。敏感性分析从众多不确定性因素中找出对投资项目经济效益指标有重要影响的敏感性因素，并分析测算其对投资项目经济效益指标的影响程度和敏感性程度，进而判断项目承受风险的能力。边际分析经常考虑的边际量有边际收益、边际成本、边际产量、边际利润等。杠杆管理在管理会计中主要表现为经营杠杆、财务杠杆和复合杠杆，企业在经营活动中运用杠杆系数进行分析、衡量、决策。一是对成本习性有明确的假设和分析，二是对各项收益、成本、费用有合理的假设与分析。

企业应根据自身业务特点和管理需求等，选择单独或综合运用营运管理工具方法，以更好地实现营运管理目标。

（2）完善、及时的信息

营运管理必须基于信息，特别是量化的管理会计信息的运用。营运管理贯穿企业经营的全过程，从研发、生产到采购、销售，在营运管理的每一个环节，企业都需要运用管理会计信息。

管理会计作为企业管理体系中量化管理的部分，其基于敏感性分析、边际分析、杠杆管理等工具方法，可以生成大量经营计划、决策、分析数据。这些信息不仅能全面反映企业营运管理的情况，还能从多个角度、多个维度反映企业经营状况，并且具备及时性，能支持领导决策。

（3）强大的信息系统

管理层通过管理会计，建立一个"基于信息的系统"，用以维持和调节企业经营活动的模式。例如，通过计划，管理层实现对企业经营活动的事前安排，协调各部门的活动和合作。但是各部门、各流程环节以及各（生产经营）作业或活动存在不同和差异。正是因为这些不同和差异，管理层更需要应用管理会计，以辅助自身系统地和全面地制定决策和实施控制。

在信息技术的帮助下，企业的资源计划能力得到了提升。例如，生产计划可以更快地被制定和传达，使得资源的配置和转化效率提高。又例如，公司需要一致的信息流和一致的业务流程才能推出具有创新性和高质量的产品。

8.2　营运管理的智能时代

企业在营运管理中，不仅应关注单一作业、单一环节或者单一部门的特性和管控需求，更重要的是平衡不同特性和需求产生的矛盾和张力。传统的运营模式不能很好地支撑这种动态平衡的建立。现代企业更需要智能化的运营模式来适应当下环境。这是因为传统的信息技术带动的是相对简单的协同作业（几个业务特点＋时间），而智能技术可以带动更为复杂的协同作业（全部业务特点＋时间＋突发事件）。

智能化包括生产智能和管理智能。企业对智能技术的应用，并不仅仅是获取一堆数据并放在一起分析。智能化需要深入了解每个业务环节的资源特性，找到需要的数据进行处理以获得有价值的信息，并据此做出经营和管理决策，提升决策能力和管控水平。这就形成了从数据化到业务化的闭环。

智能时代，智能技术将给营运管理带来全方位的加持效应。

8.2.1　让研发不走冤枉路，不花超支的钱

研发管理中重要的管理活动包括新产品管理和目标成本管理。在活动中管理会计通过基础假设、数据计算、情景模拟等专项工作发挥决策支持作用，在这个过程中需要从制定计划、执行计划、执行检查、调整计划循环等环节进行管理。

研发管理中，新产品管理引入管理会计进行决策后，在新产品管理方案中有明确的管理会计部分内容；在决策时新产品管理方案的比较包括管理会计部分的数据对比；新产品管理方案管理会计部分内容的形成具有清晰的流程；在决策后对新产品管理合理性跟踪会生成包括管理会计数据的评估报告。

研发管理中，目标成本管理引入管理会计进行决策，在目标成本管理方案中有明确的管理会计部分内容；在决策时目标成本管理方案的比较包括管理会计部分的数据对比；目标成本管理方案管理会计部分内容的形成具有清晰的流程；在决策后对目标成本管理合理性跟踪会生成包括管理会计数据的评估报告。

在研发管理环节，基于智能技术，企业能够针对各个重要产品线中的研发成本进行深入管理，从财务视角对研发效能进行有效提升，并对研发过程中物料、费用、人力等成本的精细化管理进行积极、主动的管理干预。

案例

甲公司新产品开发中的目标成本法应用

甲公司是在国家新的汽车产业政策的引导和支持下，于21世纪初期成立的汽车制造企业。公司注册资金20亿元，主营汽车、发动机底盘及汽车零部件生产和销售并提供相关售后服务，兼营实业性投资及自营和代理各类商品和技术的进出口业务。

针对成本过高导致新产品定价高于市场价格、公司市场竞争力下降等问题，甲公司在产品开发成本管理中应用目标成本法，对产品开发设计过程中的业务和财务流程进行了再造，促进了业财的协同管理，实现了产品成本事前设定目标、事中分析执行、事后评价结果的全过程控制。

《管理会计应用指引第301号——目标成本法》指出：目标成本法是指企业以市场为导向，以目标售价和目标利润为基础确定产品的目标成本，从产品设计阶段开始，通过各部门、各环节乃至与供应商的通力合作，共同实现目标成本的成本管理方法。目标成本法以顾客需求导向的产品价格作为基础，来确定整个产品开发过程中各项生产成本的额度，使成本管理模式从"客户收入＝成本价格＋平均利润贡献"转变到"客户收入－目标利润贡献＝目标成本"。它的特点是改变了成本管理的出发点，即从生产现场转移到产品设计与规划上，从源头抓起，具有大幅度降低成本的功效。

下面以甲公司一个新车型的开发为例，具体说明目标成本法的应用过程。

通过市场调研和技术分析，经公司董事会批准，甲公司决定开始开发新产品，该新车型于2×13年开始开发，计划于2×15年年底上市。根据市场调查报告和营销部门的市场对比分析，基本确定该车型的配置和对应的消费者可接受的目标售价，目标售价为12万元/辆。由公司的中长期发展规划确定，新车型长期平均边际利润率为18%；按照现有条件最终确定新车型目标边际利润率为20%。按照"市场容许成本＝目标售价－目标利润"计算，设定新产品目标成本：12×（1－20%）＝9.6万元。

为实现上述目标成本，由财务部门牵头，采购中心、开发中心、营销公司和制造部门共同组建新产品目标成本控制小组。开发中心和制造部门按照营销公司输入的新车型配置要求，列出产品开发零部件清单，并且根据技术模块进行模块化分类。

财务部门根据产品开发零部件清单和初始技术状态，通过与目前在产车型零部件的技术状态进行对比，初步将目标总成本分解到每个零部件；然后召集采购人员和开发人员，根据初始技术状态，分析每个零部件预计的成本，汇总之后比对其与目标成本之间的差距。

发现与目标成本之间的差距后，财务部门要求开发人员、采购人员对存在差距的零部件进行技术状态的详细对标和分解，同时寻找降低成本的方法（如材料替代、工艺优化、减重、功能集成、寻找新的供应商等方法），最后确定并下发目标成本。产品层次的成本目标一般分为三个层级：模块目标、装置目标、零部件目标。新产品项目负责人、项目总监、各模块经理都与公司签署成本责任状。

财务部门在开发过程中要全程监控目标成本的执行情况，确定零部件成本目标主要是为了对外购的零部件设置一个合理的购买价，把公司的成本压力转移到供应商身上。故而每个外购零部件采购价格的确定都必须完成成本目标，并经由财务部门签字后才能生效。对于现阶段不能完成成本目标的零部件，需组织开发人员和采购人员再次进行技术对标，持续寻找降低成本空间。

建立成本目标修正调整机制，在整个目标成本的执行过程中，目标并不是一成不变的。在市场需求、技术方案、采购市场信息、质量要求等有变化的情况下，会适时调整目标。由于发生上述变化，再次分析评估后，原确定的成本目标已无法完成，目标成本责任部门或责任人向项目经理或项目总监提出调整申请，并给出分析讨论后的调整建议，项目经理或项目总监有权批准权限范围内的调整申请，由成本专责组依据签批后的调整意见下发新的目标成本。

对成本目标完成情况进行定性和定量的评价，根据公司的考核评价标准，进行相应的绩效考核，奖励先进、惩戒落后，充分调动员工工作的积极性，鼓励员工尽量将所有的精力都运用到工作中去，积极提出有利建议，鼓励创新。

（案例来源：《管理会计案例示范集》，经济科学出版社，131—132）

8.2.2 高销售额的"幕后推手"

销售管理中的重要活动包括客户决策、定价决策、渠道决策、订单决策、促销决策等管理事项，企业在销售管理活动中，经常需要应用管理会计的工具方法开展基础假设、数据计算、情景模拟、方案对比等专项工作，以发挥相应的决策支持作用。

在销售管理环节，大数据技术作为销售管理的重要助力，能够在营销及销售费用管理、竞争对手分析等领域发挥重要作用。在营销及销售费用管理方面，需要关注的是销售资源投放和效果达成的关系，如果能够管理好每一笔销售费用的投入产出，那么投入的销售费用就能换来良好的财务回报。在这方面，我们可以充分利用大数据在相关性分析方面的优势，基于大量的企业内部历史销售费用投入的数据，以及市场上与企业销售活动相关的各方面反应数据，获得销售费用投入方案与市场反应之间的相关性分析结果，从而将优质资源向市场反应积极的销售活动方案倾斜。在竞争对手分析方面，大数据能够帮助企业建立更加及时、有效的舆情监控系统，基于网页、微信、微博等多种渠道，新的舆情监控系统可以从文字、图片、视频、音频等方面获得全方位的信息，从而及时发现竞争对手的重要动态，帮助企业及早做出决策以应对。

案例

销售管理中的客户画像管理

在互联网企业的冲击下，某大型零售企业遭遇了严峻的挑战。面对被互联网巨头垄断的线上终端客户和分散在各级渠道的线下终端客户，如何利用手中残缺的客户数据进行如图 8-1 中的客户画像成为其开展精准营销首先需要解决的问题。

为此，该企业应用场景化分析，盘活客户存量，以存聚新，依托大数据驱动的客户画像把存量裂变为全渠道客户数字资产。

一是借助售后信息，通过客户的年龄分布、地域分布、购买渠道分布等人口统计信息，掌握典型存量客户是谁、在哪儿，用以盘活客户存量。二是向电商和实体店购买相关人群的脱敏消费行为数据，开展典型客户购买行为画像，掌握典型客户的产品偏好、品牌偏好、价格偏好，从而确定潜在客户是谁，他们喜欢什么，并据此制定和调整商品策略、营销策略和价格策略，用于以存聚新。三是在典型客户购买行为画像基础上，进一步对典型客户的社交、娱乐和消费行为进行画像，从而掌握潜在客户在哪、有效触点是什么。

这三类画像均基于企业 IT 架构下业务前台的大数据驱动的客户画像分析系统完成。

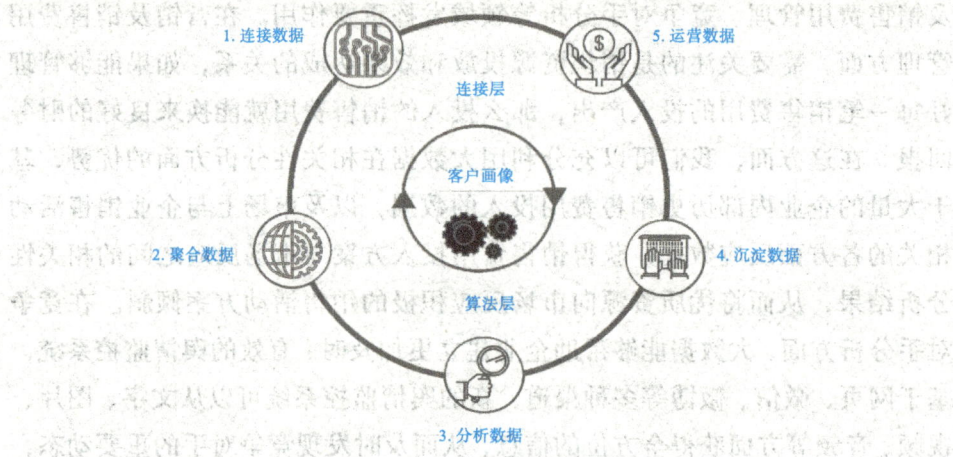

图 8-1　客户画像分析系统

大数据驱动的客户画像分析系统以连接层和算法层为基础，如图 8-1 所示。连接层是连接数据和运营数据的通道，由终端、社交端和数据端构成。通过连接层，分散的客户信息得以集中和存储，客户的消费行为数据得以实时更新，企业的商品信息得以精准地投向客户。算法层是聚合客户、分析客户和沉淀客户的数据引擎。通过自动校验统一数据，通过标签工厂标识数据，通过深度学习探索数据，通过持续学习优化数据。最后，基于数据应用引擎将数据输出到业务端开展深度运营，以进行数据变现。

8.2.3　"零库存"没有那么难

生产管理中重要的活动包括产量决策、库存决策、委外加工决策等管理事项，在活动中管理会计通过基础假设、数据计算、情景模拟、方案对比等专项工作发挥决策支持作用，在这个过程中需要从制定计划、执行计划、执行检查、调整计划循环等环节进行管理。

在生产管理环节，从原材料到在制品、产成品，直至后续产品的库存、配送物流及客户使用，物联网能够及时跟踪每个环节的大量位置信息，使我们即时获取清晰的产品及材料的库存、流转、物流情况。**基于这些信息，企业可以更高效地开展会计核算，优化库存价值管理，甚至降低配送物流成本。**

案例

产销管理中的供应链预测决策管理

在对刚刚过去的季度进行数据分析时，大型运动品牌服装公司 A 公司的王总发现，生产与销售间的协同问题已经日益突出，而各门店的销售与备货不匹配的情况也再三出现。

某款运动套装在这个季度销售火爆。然而，生产部门并未及时依据销售情况追加产量，导致多个地区断货达 2 周以上。同时，销售端的问题也不小。某款牛仔裤在 A 区市场断货 1 周未获补货，B 区库存却显示还有 2 000 条。

服装销售具有很强的季节性、地域性和配套性，对供应链前瞻性管理的时效性和协调性有很高的要求。但传统的供应链预测决策较多聚焦于单一职能，是基于客户订单的详细的操作型计划，较少关注与企业整体的计划协同（如销售、研发、财务等），这极大影响了分析判断的准确性和决策的及时性。同时，传统供应链预测决策机制更趋向分散而非在集团整体资源集约基础上进行统一协调，故较难实现资源的最优配置。基于传统的供应链预测决策系统，A 公司很难及时预测市场需求和产品生命周期的变化，难以解决不确定的销售和有限供应之间的矛盾，也无法准确把握补货结构、数量和时间，这将导致滞销与缺货并存的窘况不断出现。持续缺货会降低产品销量，而滞销库存又将提高产品成本。

我们认为，基于供应链预测决策这一特定场景，构建数据分析和应用模型，借助大数据、优化算法和人工智能等新技术开展场景化分析，可以帮助 A 公司构建起全局供应链计划体系，快速制定可行的分销计划，并主动管控供应链风险，实现自动补货、自动配货、自动调拨。

一方面，智能供应链预测决策平台，如图 8-2 所示。提供完整的价值链解决方案，强调系统优化与全供应链的绩效，可以全面地满足企业战略、战术层次的计划需求。

智能供应链预测决策系统是一个由高层管理人员主导的流程，包含决策层以要货预测、产能限制、库存安排等为依据定期协同销售、生产、采购、计划平台等部门的一系列管理活动。它将所有地区、各业务职能部门的战术计划进行调整，以完成公司的业务目标和指标。在智能供应链上，不再是企业的某个人或者某个部门在思考，而是整条供应链在思考。

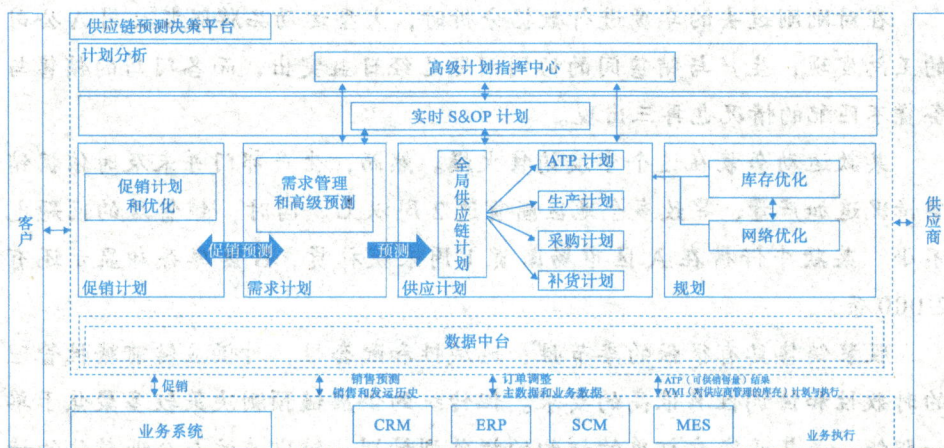

图 8-2　智能供应链预测决策平台示意图

另一方面，智能供应链预测决策平台，如图 8-3 所示。通过建立上下横纵协同机制保障战略计划落地。智能供应链预测决策平台在战略计划上进行滚动分解，将日常的执行与长周期的计划连在一起，作为检查月度计划和每日执行的桥梁。在业务流程方面创造一种协同经营模式实现上下横纵协同，通过滚动和整合的计划方法对市场目标、财务目标、库存目标、服务目标和生产目标等进行适时、合理的调整，从而提高企业整体的运营效率。

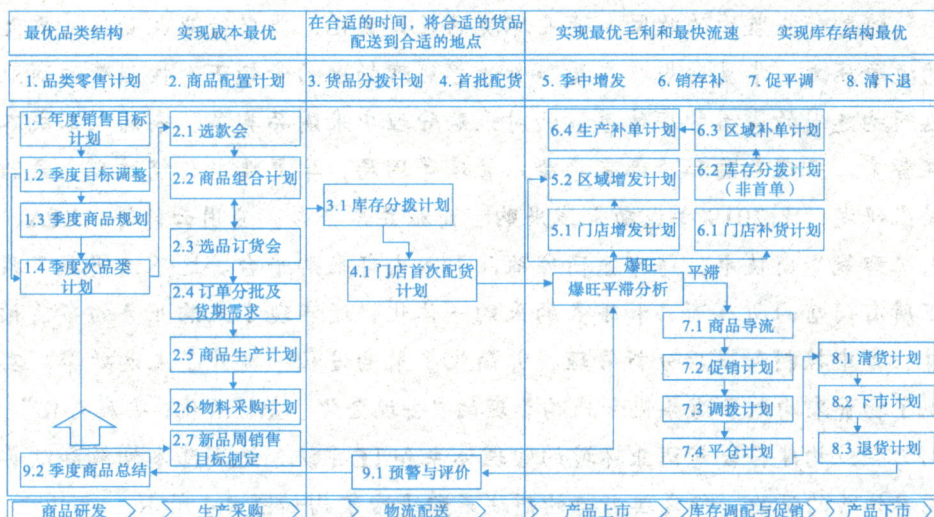

图 8-3　供应链计划预测逻辑图

8.2.4　给采购"做减法"

采购管理中重要的活动包括供应商选择决策、库存决策等管理事项，在活动中管理会计通过基础假设、数据计算、情景模拟、方案对比等专项工作发挥决策支持作用，在这个过程中需要从制定计划、执行计划、执行检查、调整计划循环等环节进行管理。

在采购管理环节，通过将采购财务管理前移到业务处理环节，能够实现更好的管理效果。例如，利用电商模式推动集中采购管理和采购一体化，实现整个采购过程的透明化和自动化，有效降低采购成本，提高采购效率。

> **案例**
>
> ### 华夏典当行的采购一体化实践
>
> 华夏典当行是一家非常重视商业逻辑的公司。这家 1993 年成立的现代典当企业历经从小到大、从弱到强、从"传统坐商"到"主动行商"、从"单一典当"到"多元业务"的演变。目前，该公司在北京开设了 44 家连锁门店，并把业务扩展到天津、成都、西安、石家庄、杭州等地，总门店数量扩展到 58 家。

随着行业监管的收紧、商业环境的巨大变化，典当行业也面临着更大的竞争压力。华夏典当行在董事长兼总经理杨永的带领下，按照新的商业逻辑构建新的战略管理体系。面对采购管理中采购品类多、采购人工成本耗费多、门店采购和总部采购难以管理等困局，华夏典当行经过 8 个月的紧张研发，于 2019 年成功上线采购、商旅共享平台，应用云计算、RPA、人工智能等新技术，将京东商城商品引入内部采购平台。这不仅实现了旗下所有门店的所有商品和服务的采购一体化，还实现了采购业务的事前预算、事中控制和事后分析管理，并简化了采购过程，提升了采购效率，实现了物资采购电子商务化和采购管理的"去现金化、去行政化、去库存化"，助力企业构建符合新商业环境的管理体系和 IT 系统，达到降本增效和改善用户体验的目的。华夏典当行的商城采购平台架构如图 8-4 所示。

第一，实现了全公司采购物品的入口的统一。公司目前已对接京东商城的 600 余种、400 多万款商品。同时，将自有供应商也引入内部采购平台，对接了自有供应商 15 家、超千余件商品，实现用统一平台管理所有的供应商采购流程。通过对供应商的筛选、维护和商品规则定义，打造对内开放的平台，实现外部电商资源和自有资源的融合，让资源配置更优，降低运营成本，促使企业所有的采购支出公正公开、合规透明。

采购管理-搭建企业闭环的商城采购平台

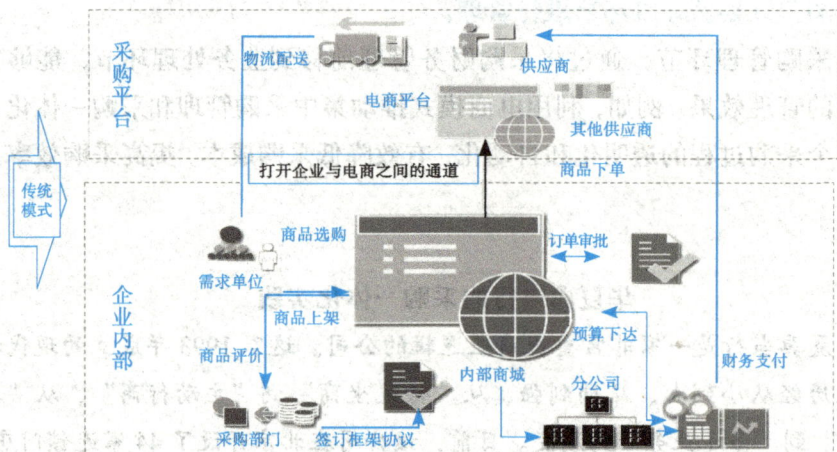

图 8-4 华夏典当行的商城采购平台架构

第二，实现了采购流程的自动化。所有采购事项通过云快报账户统一结算（预存、月结），以公司统一支付结算替代个人报销，大量减少了员工的低价值重复劳作，大量减少了财务人员的零散记账、支付工作，并将采购人员从琐碎的交易业务中解放出来，做到了高效的协同流转。

第三，实现了前端采购与后端业务管控、财务处理的有效衔接，实现了对采购业务的全过程管理。事前，采购平台将对所有采购行为的有效控制前移到批准之前，利用审批和自动化方式对 O2O（Online to Offline，线上到线下）消费行为进行事前控制，实行预算范围内按需自主采购，真正实现了有效的事前管控。事中，基于采购平台，该公司将传统的采购流程从线下转移到线上，并与 SAP 系统、库存系统进行集成和对接，增强了对采购的管控，令采购过程合规、阳光、高效。事后，实现业务过程的线上管理，提供采购分析数据支持，自动化开展费用分析。

第 9 章

邂逅"更聪明"的投融资管理

华北某地产集团大厦 6 层，投资部总监李明熟练地登录公司的管理平台，输入几个地块的信息和相关参数后，系统迅速列出了各项目全周期利润和现金流的模拟测算结果及对比图。李明麻利地导出了相关数据，在认真阅读后来到了集团主管拿地投资业务的副总裁林某的办公室外……

智能化时代，投融资管理的工作流程和工作方式正以前所未有的全新面目呈现在我们面前。上述企业就是通过建立投资测算模型，基于对新项目的了解和运营部门的初步规划，充分考虑项目成本、融资渠道、销售进度等因素的不同情况，对基础数据进行多版本、多情景的敏感测算，自动生成多版本的利润测算表和现金流量测算表，为管理层提供是否拿地以及怎样开发的快速决策支持。

9.1　管理会计与投融资管理密不可分

投融资管理包括投资管理和融资管理。投资管理，是指企业根据自身战略发展规划，以企业价值最大化为目标，对将资金投入营运进行的管理活动。融资管理，是指企业为实现既定的战略目标，在风险匹配的原则下，对通过一定的融资方式和渠道筹集资金进行的管理活动。投融资管理与管理会计密不可分，投融资管理中的很多活动同时也是管理会计活动。

9.1.1　投融资管理中的管理会计应用

投融资管理的主要活动包括：**投融资计划制定**、**投资可行性分析**、**融资决策分析**、**投融资实施过程控制**、**投融资实施分析评价与完善**。这些活动的顺利开展往往与管理会计工作的开展密不可分。

投融资计划中的中长期投资计划应考虑**投资方向**、**投资规模**、**投资结构**、**风险承受能力及偏好**等因素。对于更具体的年度投资计划，一般可以细化到投资类别、投资额及资金来源，甚至可以确定部分项目的标的、名称和大致时间。

融资计划的内容一般包括**融资时点**、**融资方式及时长**、**融资规模**、**资金成本**等。

年度投融资计划是企业经营的一部分。相应地，投融资预算也应该是企业年度预算的重要组成部分。年度融资计划及预算一般根据年度经营预算的资金缺口进行制定，年度投资计划及预算需要视企业的资金状况由预算决策管理部门做出权衡。

投资可行性分析是企业投资管理的关键活动。企业在进行可行性分析时，应对所投资项目的投资回报情况进行测算，包括**收入**、**成本**、**盈利能力**、**现金流**、**投资回报率**、**收回投资时间**、**社会效益**等因素，并结合项目的**生存能力**、**竞争情况**、**成功概率**等因素进行调整；应对项目风险进行识别与评估，考虑各种风险将导致的后果，制定预防措施及应对方案；针对特殊项目，可能还需要针对组织可行性、环境可行性、社会可行性等方面进行分析研究。

可行性分析一般应该提供多种方案备选，从技术难度、所需条件、项目周期、投入成本、项目收益、项目风险、社会影响等各方面对比各种方案的利弊，赋予这些评价因素不同的权重并评分，形成决策模型。

融资决策分析的内容一般包括**融资方式**、**融资额度**、**资金成本**、**融资机构的选择依据**、**融资款使用的限制条件**、**融资潜在风险和应对措施**、**融资偿还要求**、**融资偿付能力**等。

投融资实施过程控制包括对投资的过程控制和对融资的过程控制。投资过程控制的主要内容一般包括进度控制、财务控制、变更控制等。融资过程控制主要关注融资活动的运行情况，以便于当融资活动受阻或者融资量无法达到融资需求目标时，相关部门能够及时对融资方案进行调整。

投融资项目结束后应当总结分析项目目标是否完成、当初的可行性分析是否准确、计划和预算的完成情况如何、偏差大小等，积累经验，提升事前预估分析的能力。

9.1.2   管理会计支撑投融资管理

投融资管理虽然并非管理会计的核心领域，但管理会计为投融资管理提供了工具方法和信息系统的有力支撑。

（1）提供工具方法

常见的可行性分析方法主要有贴现法和非贴现法两类。相对而言，贴现法因考虑了资金的时间价值所以比较常用。贴现法的具体形式包括净现值法（Net Present Value，NPV）、内部报酬率法（Internal Rate of Return，IRR）、动态投资回收期法、现值指数法等。其中又以前三种方法最为常用。非贴现法包括成本效益法、静态投资回收期法等，属于相对简单的分析方法。总体而言，无论是贴现法还是非贴现法，均适用于确定性较高、数据相对准确的情况。而当备选方案确定性比较低，如分析研发投资、风险投资时，可考虑使用概率分布类工具，如近年逐渐兴起的实物期权法等进行分析。

项目管理的工具方法有很多，有辅助制定项目计划的工具，如责任分配矩阵、工作分解结构（Work Breakdown Structure，WBS）、甘特图等；有辅助产品设计的方法，如价值工程法；有对项目执行情况进行偏差分析的方法，如挣值法。企业应选择适当的投融资管理工具和方法。周期较长，如两年以上的投资，或者额度较大的投资，因时间价值较为明显，应采用贴现法进行分析。周期较短、相对小额的投资应至少采用非贴现法做分析，针对成本效益、回收期等关键指标进行估算。对于确定性较低或数据不够准确的项目，使用一般的分析工具进行计算，结果可参考度较低，所以应考虑使用概率统计类方法进行修正。使用可行性分析工具方法时，应充分考虑要素的确定性。

以使用贴现法为例，在做项目可行性分析时，企业首先应从内部组织、流程、制度和外部财务准则等层面进行考虑：所获取的信息是否充分、可靠？数据所涉及信息基础是否近期发生过或将发生较大变化？贴现期是否充分考虑了标的物的特点和限制？现金流的确定是否充分考虑了影响现金流的事项和因素的规模和趋势？贴现率是否考虑资本时间价值、风险大小、回报要求等因素？

投融资管理信息系统应能覆盖投融资管理活动中的各项工作，如项目管理、预算管理、项目成本控制、偏差分析等。局部的工具方法包括WBS、NPV、IRR 计算等。

（2）提供信息系统支撑

投融资管理涉及大量数据测算，尤其是对于业务量大、数据量大，需要针对历史数据进行分析以作为参考的企业，要使数据更精确、更及时，很多时候都需要依靠信息系统。管理会计工具和方法的应用大多是以信息系统为支撑，投融资管理活动的顺利开展也离不开这些信息系统。

以可行性分析中的敏感性分析、投资测算等工作为例，一套多维分析系统有利于辅助决策。对于项目过程管理，这个环节所涉及的系统比较多，如涉及计划的管理，可能会使用 Project 等项目管理软件；项目执行，包括项目成本、合约规划等处理，可能会在 ERP 系统中进行。针对项目的预算完成情况分析，很多企业会把 ERP 等业务系统的数据传输到预算系统中进行处理，再通过 BI 分析系统等进行展示。

9.2　智能技术为投融资管理打开了美丽新世界

对于投融资管理来说，智能化的影响不仅体现在对投融资计划制定，融资资金安排，投资可行性分析和投资决策的及时性、准确性的提升方面，还体现在投资活动的投后分析、融资活动的成本收益分析等方面。

首先，基于智能技术的应用，企业能够收集全面、真实的投资信息，解决信息不对称带来的投资误判问题。掌握比较全面、真实的信息数据是决策的基础。从国内外企业投资项目失利案例看，因信息不对称导致投资决策失误的问题主要表现在两方面：一是对项目相关信息了解不全导致投资决策失误；二是被项目相关虚假信息欺骗导致投资决策失误。产生这些问题主要是因为：一是缺乏工具来全面、系统地收集、积累相关信息数据，无法及时、精准地为评估人员提供参考；二是缺乏有力的工具核实信息数据的真伪。而运用大数据和人工智能技术开展投资项目评估，可全面、快速地获取投资项目相关的信息数据，对比判断信息真实性，避免因信息不对称导致投资决策失误。

其次，**基于智能技术的应用，企业能够科学、准确预测投资项目所涉行业、区域的发展趋势及项目关键参数，对投资效益进行事前预测和事后分析评价**。受限于信息技术落后，以往企业在做投资效益分析时往往面临以下几个问题：预测模型缺乏或不准确、不科学；预测方式单一，无法从多个角度运用多种模型进行预测并进行交叉验证；信息数据不充分或不真实等。这使得企业往往容易误判项目竞争力、项目建设进度和实际生产能力等，从而错误地做出投资预测。而运用大数据和人工智能技术实施项目评估，有利于基于丰富的信息数据，采用一系列预测工具解决上述问题。

再次，**基于大数据和智能技术，企业可以深入评估项目风险，避免低估项目风险**。传统的盈亏平衡分析、敏感性分析等分析方法受信息数据和风险计量工具的制约，往往难以准确判断各种风险因素的未来走势以及对项目的影响，面对多个重要参数同时变动的情况也往往束手无策。而在智能技术的支持下，企业可以运用情景分析、蒙特卡罗模拟等多种工具，深入分析项目风险，比较准确地判断风险点，计算财务指标数据不及预期的概率。

最后，**基于大数据和智能技术，企业可以实时跟踪资金存量和资金需求，预测融资需求量和需求时点，据此提前做出融资安排，维持资金链安全，并节省融资成本**。

9.3 智能化投资管理的场景化应用

在智能技术的影响下，企业的投融资管理向自动化、精确化、实时化、简单化发展。以我们在本章开头的案例中所提到的房地产企业投资测算模型为例，智能化投前测算拥有日益广阔的应用空间。

投资能力是房地产企业的核心竞争力之一。尤其近年来，随着我国房地产调控政策的力度持续加大，房地产企业的创新力、核心竞争力、专业化管理能力都面临更高要求。企业对投前管理的要求日益提升。但同时，房地产集团企业在投前管理中往往存在以下问题。

一是管控规则无效。集团受限于资源瓶颈无法进行全项目专业覆盖，尤其对于新区域公司的投资管理活动缺乏有效的判断，集团不能提供有效的管理服务，管理规则缺乏落地性和可行性，形同虚设。

二是管理边界不清晰。集团与区域公司之间责任分工不明确、授权体系不清晰，影响决策和执行效率；集团各专业条线之间缺乏跨职能的业务协同考虑，造成业务流转不畅，工作效率低。

三是管理数据不准确。采用手工填报的方式开展投资测算数据的及时性、准确性、规范性都还有提升的空间。

四是缺乏历史数据沉淀。历史项目测算数据散落在不同地方，无专门的工具或者人员去管理归档，无法查询和分析，导致这部分数据犹如掩埋在地下的黄金，无法发挥作用。

五是过程监控缺失。集团、区域公司缺乏动态监控备案项目的工具和手段，无法有效地跟踪项目，导致项目实施过程中不能及时发现并纠正偏差。

六是投资活动未形成闭环。投前与投后未打通，无法进行动态对比，无法对区域公司的投资策略做出有效的评价，无法逐步提升并做好投资的全过程管理，导致无法形成"投前有规则，投中有跟踪，投后有评估"的投资管理体系。

投前测算主要是针对各拟拿地项目进行全周期规划，测算项目的现金流和盈利指标，包括项目规划经济技术指标、项目开发计划、销售与回款计划、成本计划、支付计划、融资计划、税金预测、项目损益和项目现金流量等业务财务计划，来辅助集团判断投资项目的可行性。

以某家房地产集团公司为例。其应用投前测算的基本思路是：基于历史数据，分别获得不同业态月度正常销售面积、首次开盘系数、淡旺季系数、回款比例的标准数据；将标准数据和实际土地信息数据结合，快速得出投资测算的结果，结合在建项目全周期预测数据，合并集团层面现金流，看是否存在资金缺口，结合总货值、IRR、ROE（Return on Equity，净资产收益率）、利润率、现金余额等核心指标，判断投资项目的可行性。

如图 9-1 所示，投前测算模型基于公司对新项目基本概况的了解以及运营部门对项目的初步规划、推进节奏等，充分考虑项目成本、融资渠道、销售进度等因素的不同情况，由模型自动生成项目层面和股东层面的利润测算表和现金流量测算表。

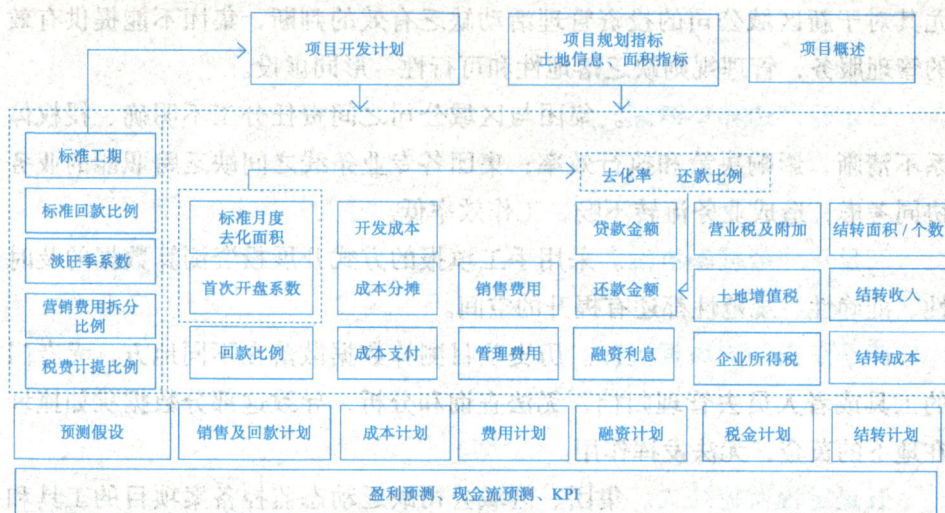

图 9-1　投前测算模型

　　基于智能技术平台所拥有的强大数据收集和处理能力，该集团对于同一项目能够基于用户角色的不同，进行多版本、多情景的敏感性分析，并形成多版本的测算信息，为管理层提供是否拿地以及怎样开发的快速决策支持。同时，在该集团投前测算体系里还有一个非常关键的因素，就是在投资拿地的时候为股东和投资委员会提供一系列金融指标，以有效控制运营过程中实际和计划之间的差距，打通投资测算与并联双控全周期，支持拿地前后的项目指标过程跟踪。

第 **10** 章 打造多场景数字化风控

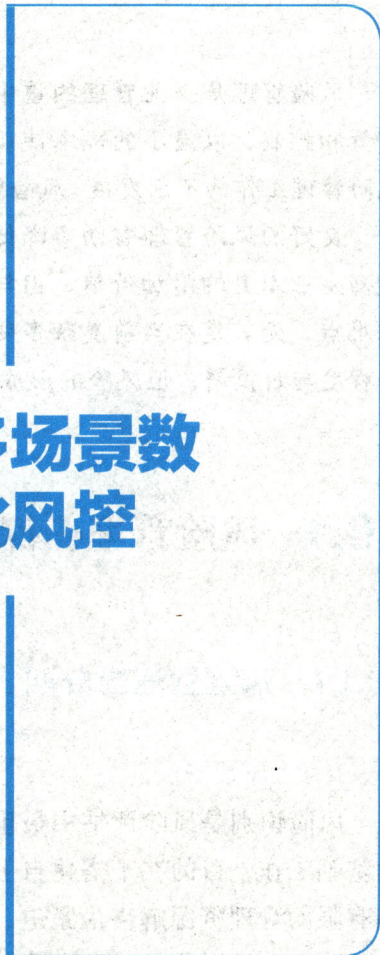

　　风险管理是企业管理的重中之重。风险管理是通过对风险进行识别、衡量和控制，以最小的成本使风险损失达到最低的管理活动。随着企业中风险管理工作的不断发展，风险管理已成为企业管理会计的主要应用领域。

　　良好的风险管理有助于降低决策失误的概率、避免损失的可能、相对提高企业本身的附加价值。但与此同时，风险管理也是众多企业管理方面的难点。尤其是在当前复杂多变的市场环境下，尽管企业对风险管理的重视程度与日俱增，但风险的形成和发生也日益快速化、复杂化、隐蔽化。

10.1　风险管理：保障企业的基业长青

10.1.1　风险管理要分四步走

（1）风险识别

　　风险识别是风险评估中最重要的一项工作、内部控制管理体系建设中的基础工作，目的在于搭建自上而下的风险框架，识别重要风险领域以使用有限的管理资源解决最紧迫、最重要的问题。风险评估范围包括公司战略风险、市场风险、运营风险、财务风险、法律风险五大方面。当前，多数企业可以做到对运营风险和财务风险进行定期评估，通过考虑风险的可能性和影响来对其加以分析，并以此作为决定如何进行管理的依据。

（2）风险分析

　　风险分析是对具体风险事件的逐条分析和整理，合并同类风险，剔除多余风险，从而得出形式较为统一、语言较为专业的风险事件，并按照不同类别对风险事件进行分类，使其既符合科学规律，又切合企业实际情况。

（3）风险应对

风险应对策略是指企业根据自身条件和外部环境,围绕企业发展战略,确定风险偏好、风险承受度、风险管理有效性标准,选择风险规避、风险降低、风险分担、风险承受等适当的风险管理工具的总体策略,并用于确定风险管理所需人力和财力资源的配置原则。风险应对的主要目的是将剩余风险控制在风险承受度以内。目前很多企业都能不同程度地利用现有的资源对所面临的风险分不同情况采取措施进行应对。

（4）风险控制活动

风险控制活动是指企业根据风险评估结果,采用手工控制与自动控制、预防性控制与发现性控制相结合的方法,采取相应的控制措施,将风险控制在风险承受度以内。风险控制活动分为公司层面的和业务层面的,具体体现在各核心业务流程中。当前,我国多数企业已经认识到风险控制活动是确保管理层关于企业经营管理的指令得以贯彻执行的政策和程序,它存在于整个企业所有级别的分支机构、职能部门中,通常包括不相容职务分离、授权审批、会计系统、财产保护、预算、绩效考评控制等。企业根据内部控制目标,将控制措施与风险应对策略相结合,对各种业务和事项实施有效控制。此外,部分企业已建立重大风险预警机制和突发事件应急处理机制,明确风险预警标准,对可能发生的重大风险或突发事件,制定应急预案、明确责任人员、规范处置程序,确保突发事件得到及时、妥善的处理。

10.1.2　传统风险管理的方法集

风险管理有一系列成熟的工具和方法,包括风险矩阵模型、业务流程图、风险分布图、蒙特卡罗方法等。风险矩阵模型、业务流程图的应用较为广泛。风险控制矩阵是企业进行风险管理的有效工具,可应用于分析企业的潜在风险,也可以用于分析采取某种方法的潜在风险,找出管理控制的薄弱环节。企业可以根据风险矩阵模型找出的企业控制缺陷,提出整改建议,并对企业控制缺陷的整改过程进行监督,对企业控制缺陷的整改结果进行评价。业务流程图是以可视的方式,运用特定符号展示某一运营过程或流程的一种符号,其意义在于帮助企业了解重要交易是如何生成、记录、获得

授权并被处理和汇报的。企业应利用业务流程图对业务流程中可能出现和已经存在的控制环节进行描述，识别控制步骤和控制活动，并将各业务的流程图联系起来解释相关的控制活动，发现、收集和处理数据，以便发现、控制薄弱的环节和容易出现问题的区域。

少部分企业利用风险分布图、蒙特卡罗方法进行风险管理。风险分布图是把风险发生可能性的高低、风险发生后对目标的影响程度，作为两个维度绘制在同一个平面上（绘制成直角坐标系）。绘制风险分布图的目的在于对多项风险进行直观的比较，从而确定各风险管理的优先顺序和策略。企业可以利用风险分布图，采用定性、定量等方法对风险发生可能性的高低、风险对目标的影响程度进行评估。定性方法是直接用文字描述风险发生可能性的高低、风险对目标的影响程度，如"极低""低""中等""高""极高"等。定量方法是用具有实际意义的数量对风险发生可能性的高低、风险对目标的影响程度进行描述，如对风险发生可能性的高低用概率来表示，对风险对目标的影响程度用损失金额来表示。蒙特卡罗方法是一种随机模拟数学方法。该方法用来分析评估风险发生可能性、风险的成因、风险造成的损失或带来的机会等变量在未来产生的变化的概率分布。蒙特卡罗方法常会采用建模方式，建立能描述该风险变量在未来产生的变化的概率模型，主要有差分和微分方程方法、插值和拟合方法等，由于蒙特卡罗方法依赖于模型的选择，所以，模型本身的选择对蒙特卡罗方法计算结果的精度影响甚大。

10.2　智能技术助推风险管理走向数字化风控

传统的风险控制以事后的检查发现为主，很难将风险控制手段介入事前和事中，且事后的检查发现也缺少更加高效的工具，难以发现关联风险。而**智能技术可以有效提升风险管理的工具效率和工作质量，可以从事前、事中和事后三个层次防范财务操作风险**。

从事前风险防范角度来看，在传统模式下，我们所构建的关键风险指标体系是基于经验和分析的结果，但这种构建方式可能存在认知完整性的缺陷。**基于财务业务流程中大量的交易，以及现有模式发现风险事件的情况，通过机器学习方法发现新的构建关键风险指标的规则，从而补充和完善现有的指标体系，提高对事前风险的防范能力。**

从事中风险控制角度来看，基于经验的规则系统化，能够实现初级人工智能的应用，通过大量的规则，能够发现财务交易中的潜在风险事件，并能够对一些风险事件进行直接拦截。此外，基于数据积累，能够对每一笔单据进行风险分级，针对不同的风险等级配置不同的控制流程，从而提升风险管控能力。同样，基于经验的规则积累，能够借助机器学习技术进行持续的训练优化，持续提升风险控制能力。基于企业内外部大数据的积累和挖掘，能够建立内容更丰富的单据风险分级规则模型，使得单据的风险分级更准确。

从事后风险分析和管控角度来看，基于大量企业内外部数字化的交易信息和背景信息的采集和集中，能够展开内容更为丰富的风控分析和管控。例如，通过构建员工、领导、供应商、客户多方的社会关系网络图谱，能够在网络中出现风险节点时，快速对网络中该节点的周边节点实施预警监控。还能够使用非监督学习的方法，对交易信息进行聚类分析，找到风险线索。

10.3　数字化风控的场景化应用

得益于智能技术的迅猛发展，风险管理的手段有望获得全方位的升级。**在数字风控的思路下，财务交易在源头实现结构化和标签化，大量的风险控制可以通过自动化规则，融入交易过程。**例如，依托采购需求的标签，能够进行对价格合理性、黑名单供应商、交易对手不正常关联关系等风险的事前控制。基于发票标签，能够进行跨组织机构的发票真实性、发票重号、发票连号等风险的控制。

数字风控以场景驱动为主。要发挥智能技术的优势，持续发现场景并建立风控模型是必由之路。对于不同企业而言，场景化的风险识别、风险分析和风险控制正逐步获得应用。下面我们就以反舞弊、资产负债管理和信贷管理这三个场景为例，管窥智能时代风险管理的新发展。

10.3.1　"智能猫"抓住"进化鼠"

美国人伊恩·古德费洛 2014 年在加拿大蒙特利尔大学读博士时想出一套设计方案：用两个神经网络，进行数字版的"猫鼠游戏"——一个负责"造假"，一个负责"验真"，从而在对抗中不断提高。在现实版本中，企业财务人员与业务人员的"猫鼠游戏"其实一直在上演。

以下两种典型情况在财务人员的工作中时有发生。

一种情况是在复杂的财务流程中存在大量琐碎的信息记录工作，这些工作中容易出现因为工作疏忽或者技能熟练度不足而导致的各种差错。这些差错不应当被视为一种舞弊行为，而应更多地被定位为财务工作质量问题。

另一种情况就是财务舞弊，即个人基于自身利益或其他目的所做出的舞弊欺诈行为。这类行为往往隐藏在大量的常规业务中，如员工的费用报销、零星采购等，直接或间接地造成公司的财务损失。

"猫鼠游戏"主要存在于第二种情况中。在传统财务体系下，由于"老鼠"在不断进化，舞弊与反舞弊之间的博弈在不断升级。尽管财务人员可以通过复核、审核、多角度的数据分析、数据筛查等发现隐藏在数据背后的逻辑问题，但与舞弊技术的快速进化相比，企业的反舞弊手段往往难以应对。这主要有三个原因。

第一，在传统信息系统架构下，企业开展数据分析所用的资源有限。和常规的数据分析不同，针对反舞弊的数据分析是一种线索发现式的分析，要求分析人员基于大量数据，开展大量的分析来尝试找到线索，工作量巨大且很难常规化。

第二，部分反舞弊模型的构建太复杂，挑战人脑的认知极限。在财务人员反舞弊的过程中，依靠逻辑来发现线索本身是一件困难的事。逻辑的设计类似于数据建模的过程，要想有效地发现复杂舞弊的线索，模型必须足够复杂。然而，人脑处理逻辑的复杂性是有限制的，当逻辑层次超过了人们的理解范围后，就很难再依靠人的认知能力来进行逻辑分析并发现舞弊线索。

第三，关联舞弊难以被发现。关联舞弊是指被分散在不同时间、空间中的舞弊行为。这类舞弊往往存在于有因果关系的单据或行为中，因此更加隐蔽，也就更加难以被发现。

智能技术给了反舞弊强大的武器。与传统的手工签单、数据录入与人工审查批复等操作相比，各类智能系统的上线可以有效提高工作效率，帮助发现异常情况，精准定位可能存在问题的交易事项。就目前的应用来看，主要有基于监督学习模型、非监督学习模型和 SNA（Social Network Analysis，社会网络分析）三种形式的智能风控带来的反舞弊的智能化升级。

（1）基于监督学习模型的智能风控

在智能技术的支撑下，企业可以应用基于监督学习模型的智能风控，用系统来运行复杂的规则模型，这就突破了人脑的认知限制，更易于发现舞弊线索。一方面，大数据时代企业能够获得的结构化和非结构化数据越来越多，为系统开展反舞弊分析提供了强大的数据支持。另一方面，机器学习中的监督学习模型能够帮助系统将大量的人工审核方法转化为机器规则，并开展自动化的反舞弊审核。

在基于监督学习模型的机器学习模式下，企业可以将长期以来用于人工反舞弊作业的单据作为系统学习训练的基础。监督学习模型能够通过大量训练，进一步提炼出新的规则。这些新的规则被植入系统后，能够用于分析新发生的业务单据是否存在舞弊的可能。

（2）基于非监督学习模型的智能风控

非监督学习可以理解为机器对大量数据进行自主聚类分析的过程。系统不关注数据本身的含义，而是会按照特征的相似性对数据进行分类。大多数"正常"的单据具有相似性，能够被非监督学习模型归集到特征相似的大圈圈中；而少数可能存在舞弊行为的"不正常"单据，则有可能出现在特定区域的小圈圈中。通过这样的可视化分析，系统能够帮助企业将舞弊调查的对象锁定在这些另类的小群体单据中。

（3）基于 SNA 的智能风控

基于 SNA 的智能风控是关联舞弊风控中的一个有效办法。社会网络是利用企业内部相关经济事项的各个关联主体间的相互关系构建的一个关系网络。这个网络中有企业员工、审批领导、供应商股东、供应商与企业内部其他关联人等。社会网络模型中集成了筛选、统计、时间还原、风险节点关系分析、可视化关联分析等模型，通过筛查社会网络中可能存在舞弊行为的主体的规律特征，系统能够帮助分析师找到跨越时间和空间的关联性，从而更加快捷、有效地识别应用传统反舞弊技术所难以发现的舞弊行为。

以报销单据中的反舞弊风控为例，企业可以以报销单据为核心向外扩展，通过构建员工、审批人、供应商等多个主体之间的关联关系，跨越空间和时间构建起社会网络。在这个网络中，系统试图寻找所谓的"黑节点"，即通过其他技术方式已发现的有问题的单据、企业内部人员或供应商。一旦找到"黑节点"，系统就能够怀疑网络中还存在其他的"被污染节点"，从而以点带面地发现问题，并且将深度隐藏在空间和时间中的舞弊行为挖掘出来。

10.3.2　给保险公司"上保险"

风险分析的质量和效率决定了企业风险识别和测算的能力。然而，在传统风险管理中，风险分析是企业风险管理中的难点，很多企业甚至无法开展独立的风险分析。这是因为风险分析一般需要借助量化模型，而在这其中，传统信息系统无论在基础数据的收集、复杂模型的构建，还是在数据的计算速度等方面，均无法满足高效分析的需要。

以保险企业为例，资产负债管理是保险公司风险管理的难点。产品同质化严重、利率下行、权益类市场投资风险高等都是资产负债管理陷入困境的原因。而保险公司进行资产负债管理的难度之所以持续加大，一是因为在市场竞争加剧的情况下，保险公司特别是人身险公司，负债久期远高于资产久期，资负两端长期适配度较低，加上过去市场上出现的各种不规范行为，导致"长钱短配""短钱长配"问题严重。再加上利率下行风险，利差损成为风险隐患之一。二是大力发展保障型产品以及车险市场的利润下滑，导致保险公司在退保和满期给付方面有更大困难，这对各保险公司的投资收益能力提出更高要求，资金须尽量在安全、收益、流动性间保持平衡。

　　为此，**通过运用保险科技，建立针对资产负债管理的风险分析量化模型是必要的**。通过不断摸索与试错，近年来，不少保险公司开始逐步推进底层技术和数据处理能力的改进和发展，以推动资产负债管理工作的前进。从关联技术来看，在保险公司中，风控人员通过数据的弱关联性，整合多个数据源的信息，形成人、标的、保险业务的全景视图；同时利用人脸识别与合同文本识别等技术，完成对客户信息的真实性验证。为解决信息不对称问题，风控人员采用海量单据识别、数据收集共享以及自动化处理等技术，同时对各关联方的行为模式进行模拟，以预测保险欺诈的潜在规律与特征。

　　这些由科技带来的好处正影响着企业风险分析的风向。借助智能技术的进一步发展和应用，**企业有望在监测、识别和处置风险方面进一步提升效率**。

10.3.3　把钱借给可靠的人

　　智能技术正在为传统信贷模式带来历史性的变革。智能化的信贷风控不仅大大提升了金融机构的信贷审批和放款效率，而且有效降低了金融机构的信贷逾期和违约风险。

　　依托大数据技术，金融机构可以更广泛地获取与客户相关的社会化数据，而不再简单依赖于客户公布的财务报告信息和个人提供的个人财务信息。个人在社会化活动中所形成的广泛的数据，包括客户既往信用记录、社交媒体行为数据、电商网站交易数据、企业客户的产业链上下游数据、其他有利于加深金融机构对客户兴趣爱好了解的数据等均可纳入监控范围。金融机构基于广泛的客户行为信息、舆情信息，更及时、准确地评价客户信用。同时，基于分布式计算、智能数据分析、数据可视化、决策树分类技术、逻辑回归、机器学习等多项智能技术，金融机构可建立多视角、全方位的客户信用评价模型，实时、准确地做出贷款决策，并执行高效的贷后管理。

（1）贷前预防

　　欺诈风险多来自贷前，反欺诈重点是在贷前识别出欺诈风险。融合了微表情识别、生物识别、智能录入、大数据风控、电子签章、区块链等多种创新科技的智能化信贷系统，通过人脸识别、声纹识别、指纹识别以及证件联网核查技术、申请欺诈模型评分等多种手段可以有效地核实用户身份，防范身份冒用、欺诈等风险。

（2）授信定价

授信是金融风险的一个重要潜在来源，金融机构可以基于海量大数据，提炼出客户消费特征、互联网行为特征、信用记录、关联设备、社交网络等稳定性高、预测能力强的变量，代入统计模型和机器学习模型中，构建出一系列个人信用风险评分卡模型，从而准确、快速地判断出贷款申请者的风险情况，在贷款审核、调额、授信等环节识别客户风险，实现风险防控的目的。这样能够更好地提高金融机构的能效，降低逾期和坏账客户数量。

（3）智能催收

贷后管理是整个智能风控闭环中非常重要的一步，其中又以逾期催收为最大的痛点。过去一些大型银行和消费金融机构都要"供养"数量庞大的催收团队，有些团队人数过千，催收的主要手段是打电话，这带来了成本过高、加剧社会矛盾等诸多问题。金融机构应用智能语音识别、语音合成、语义理解以及交互话术共同形成高度智能化、精准化的智能催收产品，能集中解决传统人工模式下的合规、合法、效率等问题。

第 **11** 章　业财税一体化
的财务共享

　　要应用好管理会计信息系统，首先要解决数据来源和数据质量的问题。这就需要财务共享服务中心的建设和运营。

　　财务共享服务中心（Financial Shared Service Center, FSSC）是近年出现并流行起来的会计和报告业务管理方式。它是将不同国家、不同地点的实体的会计业务置于一个 SSC（Shared Service Center，共享服务中心）来记账和报告，能有效解决经济全球化背景下跨国企业在管理中所遇到的如何整合资源、如何加强分、子公司控制、如何控制管理成本、如何提高协同效率等诸多管理难题。严格来讲，财务共享并不属于管理会计的范畴。但是，财务共享服务中心搭建与完善的整个过程是不断标准化的过程——统一会计政策、统一会计科目、统一数据标准、统一流程控制关键点，这就从根本上解决了数据口径不统一的问题，为管理会计的应用提供了数据基础。

　　在智能技术的新环境下建立财务共享系统，不能再穿新鞋走老路。在传统的财务管理模式下，受限于技术和业务模式，大多数企业的财务与业务交易隔离，以事后报销报账为主线的财务处理管理甚至财务共享模式仍是主流。会计工作中存在大量的人工审核合同、订单、发票的简单重复劳动。而在新技术条件下，传统财务模式迎来了变革的可能。财务共享服务中心的运营模式将逐步由将人员集中在一起开展流水线式工业化生产的传统工厂模式转变为智能化无人工厂模式，我们将财务共享发展的这一形态称为业财税一体化的智能共享服务中心。

11.1　财务共享在数字化时代的升级

11.1.1　被"降级"的小王

自打调入集团财务共享服务中心，小王时常向同事自嘲：现在，我是办公设备升级，个人价值降级！

小王本是某电子公司的财务人员。三个月前，集团财务共享服务中心建设完毕，她随即被调入其中，负责费用报销业务的处理。

从此，她的工作日常大致如下。

面前两台计算机，左侧屏幕显示员工差旅费用报销单，右侧屏幕则显示对应业务的扫描件。小王的视线不时在两块屏幕间移动，核对信息无误后，单击"审核通过"按钮。每天，这几个简单的动作她都要重复不下几百次。

计算机由一台升级为两台是小王所说的办公设备升级。而工作时间被审单这类琐碎、乏味和不增值的机械化体力劳动填满，则是小王口中的个人价值降级。她感觉，共享中心不过是将集团旗下 30 多家公司的财务会计工作集中到一起处理了，工作流程和过去并无太大变化。但分工的细化、作业的标准化，令她和同事们都陡然间从一名名办公室白领变成了流水线上的蓝领工人。"数字时代设备升级了，我的个人价值该在哪里体现呢？"在小王心中，辞职的念头似乎越来越强烈……

如今，**越来越多的我国企业已经建立了财务共享服务中心，基于标准化、流水线式的作业模式对财务会计工作进行集中式处理**。很多企业笃定地认为财务共享能带来组织变革和财务转型，同时，还有很多企业将其作为强化管控的有力工具并寄予厚望。

然而，"理想很丰满，现实很骨感"。财务共享服务中心在实际应用中屡屡成效不达预期，令一些企业进退维谷。

11.1.2　传统财务模式"三宗罪"

与小王所在的公司一样，一些大型集团企业发现，建立财务共享服务中心后，各分、子公司的财务团队并未获得多大收益，仍在做着大量基础财务核算工作，如固定资产监盘、纳税申报、财务初审等。业务财务和战略财务难以实现，期待中的财务转型迟迟没有到来。同时，尽管财务共享服务中心通过财务会计的集中化处理，在一定程度上提高了效率、减少了人力，但这种流水线式的作业方式将人员机器化，忽略了人的价值需求和情感需求。在日复一日高强度、枯燥、琐碎、无价值的工作下，共享服务中心普遍招人难且人员流失严重。对于管理层而言，基础核算是分散在各地低效率完成，还是集中于一地高效率完成，往往不是其关注的重点。管理层更为关注的是，财务共享是否从整体上促进了财务工作，推动了财务转型。显然，现实往往与预期相去甚远。

究竟是什么原因造成财务共享服务中心总是难以展现预期价值呢？

这就要从财务共享的本质说起。追根溯源，财务共享服务是经济发展放缓和全球化扩张的产物。追溯其背后的逻辑：一是英国经济学家亚当·斯密在《国富论》中提出的"分工提高劳动生产率"，二是20世纪初福特汽车创始人美国人亨利·福特在汽车生产中引入的"流水线"作业方式。两者的本质都在于分工所带来的劳动生产率的提高，以及规模经济所带来的成本降低。可见，财务共享的本质在于通过将"流水线"作业引入财务工作中，实现对原本分散的、重复的、可标准化的记账、算账工作的集中式处理，从而控制成本、提升效率。尽管在这一过程中，企业的财务组织、财务工作场地和财务工作方式都随之会发生一些变革。但这些变革并未触及财务工作的流程，也未从根本上改变传统财务管理模式。换言之，**传统财务共享服务中心只是将流水线作业模式引入财务工作中，以人员机器化为代价，实现了简单的操作集中或者人员集中办公**。

那么，是财务共享言过其实了吗？或许问题并不仅仅出在财务共享上。

传统财务共享模式的本质是对财务会计工作的集中化处理，并不改变财务工作的流程。换言之，传统财务共享模式是基于传统财务模式下的财务集中处理。不幸的是，由于传统财务模式存在三大痼疾，其业务流程与管理会计的对比如图11-1所示，导致传统财务共享的价值注定寥寥。

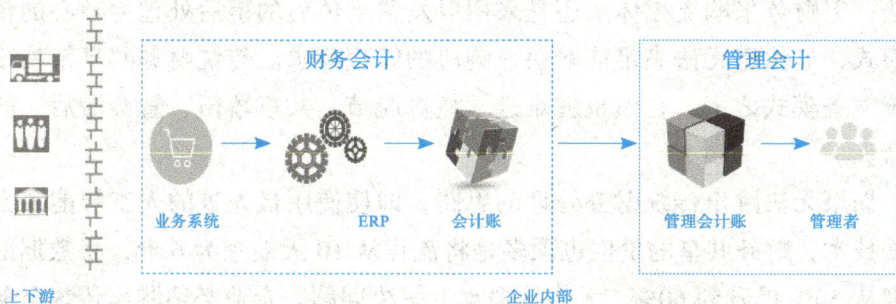

图 11-1　传统财务模式的业务流程与管理会计对比

一是传统财务模式下，财务流程和交易分离，产生大量冗余的流程、环节。以费用管控为例，很多企业为了实现流程管控，设计了诸多控制流程。事前预算申请的流程与交易是脱节的，它只是为了保证预算能够正确使用，设置事前申请预算，增加了一个审批流程。当交易发生后，不管是业务人员、审批领导还是财务人员，都必须重复做很多事后工作，导致管理低效且成本高。

二是传统财务模式下，财务处理时间滞后，财务信息无法及时反映环境变化，无法满足使用者实时决策的需要。一方面，财务会计按权责发生制的要求确认损益，凭发票入账，业务发生和业务入账分离，财务处理在时间上滞后于业务活动，导致财务会计提供的信息是历史性的，缺乏前瞻性，无法满足使用者的需要；另一方面，财务会计依据会计分期假设的要求，定期产出并传递信息。在充分的市场竞争中，财务会计信息传递的时间固定性与决策的及时性产生了巨大的矛盾。

三是传统财务模式下，财务信息支撑体系存在问题，财务信息片面、失真，无法满足业务管理需求。从本质上来说，传统财务是准则导向、披露导向，不是业务导向、管理导向，ERP 系统主要为流程操作服务。这带来两个问题。一是财务信息客观但未必真实。财务记账以发票内容为主体，但发票无法反映业务的本质。财务数据与业务实质脱离。这些都导致 ERP 财务信息失真，口径无法满足管理需求。二是财务信息为单一化的货币计量信息，而非企业综合性的全面经济信息。货币计量信息固然具有一定的综合性，但非货币性信息对管理往往至关重要。

"互联网 +"时代，很多企业在业务端已经应用了线上线下融合的新方法，但财务采购支撑体系还是采用以发票到位后的事后处理为核心的传统模式，显然已无法满足前端快速响应的管理要求。传统财务共享架构于传统财务模式之下，自然也就难逃"核算脱节、共享落伍、管会滞后"的宿命。

如果无法跳出传统财务处理的思路，即使使用最先进的人工智能和大数据技术，财务共享的价值也顶多是将流程从 10 天缩短为 6 天，将数据准确度从 50% 提升到 60%，无法从根本上解决问题。企业必须跳出传统财务处理的陷阱，创建财务新模式。

11.1.3　财务共享发展的三个阶段

传统的财务共享服务中心建设是集团企业发展的一个必然要求。把标准化流程、重复性的工作集中起来，交给财务共享服务中心做，既满足集团管控、财务大集中的目的要求，又能提高工作效率，减轻分、子公司的专业压力。通过相应的制度调整安排，让分、子公司的灵活性和集团政策落实，让资源协同作用得到更好的发挥。

一般的财务共享服务中心有三类工作：企业内部业务、对外业务和共享服务中心本身的运营管理。除了共享服务中心内部运营管理的影像管理、资料邮寄、档案管理、派单抢单之外，财务业务处理分为内外两部分，对内部业务集中在员工报销、总账报表、资产管理、合同管理这几部分；对外业务则是与供应商、客户、银行、税务等相关的流程处理。这些功能中，与供应商、客户相关的业务管理一般 ERP 系统都有，共享服务中心需要与 ERP 系统对接这部分功能和数据；有些 ERP 系统没有合同管理或者功能不完整，需要进行补充开发。与银行、税务机关相关的业务管理则一般由专门的银企直联或者报税软件来处理。由此可见，传统的财务共享服务中心基本上就是解决财务部门传统工作的流程优化以及随着共享服务中心建设带来的组织架构的调整和优化，可以称之为财务共享服务中心的 1.0 版本，如图 11-2 所示。

由于财务共享服务中心实现了对集团内交易事项的集中式记录和处理，这意味着其从源头上掌握了集团内部各单位的交易数据和信息，在确保信息统一性和真实性的同时，可以实现对集团内资产、工程、合同等的有力的目标管理和预算管控。因此，**一些企业开始挖掘财务共享的附加价值，通过打通业务与财务核算的壁垒，以财务共享平台支撑财务共享服务向资产管理、工程分包、合同管理等相关业务领域深度延伸。这就是财务共享服务中心的 2.0 版本。**

图 11-2　财务共享服务中心 1.0——解决财务部门传统工作的流程优化

1.0 版本和 2.0 版本的财务共享服务中心从本质上来说是一样的，都是财务会计工作的集中式处理中心。尽管 2.0 版本的财务共享开始向业务延伸，但这种延伸是有限的、表面化的，其本质仍停留在交易层面。财务人员仍局限于财务信息，业务人员则仍局限于业务信息，财务与业务之间的鸿沟仍旧存在，管理层的管理需求没有获得满足，没有真正形成管理的视角。从这个角度看，财务共享服务中心的 2.0 版本更像是对 1.0 版本的改良。

随着企业管理不断精细化，也由于数字技术、互联网应用的不断深入，事关企业采购、商旅消费的交易环节与财务环节相对独立的系统设计日益难以满足企业发展的需要，打通交易环节与财务环节的需求更加迫切。这就催生了财务共享服务中心的 3.0 版本，如图 11-3 所示。

财务共享服务中心的 3.0 版本，即业财税一体化的智能共享服务中心，是传统财务共享在互联网时代的革命性换代产物。财务共享在这个阶段跳出了传统财务处理思路，放弃建立传统的、将人员集中在一起开展流水线式工业化生产的工厂，转而寻求建立一个智能化的无人工厂，就是智能共享服务中心。其本质是**基于新一代的信息技术，实现对企业更广泛业务（从记账、算账到报账、采购、税务等）的数字化，并对企业财务体系、业务流程、商业模式进行颠覆和升级。**

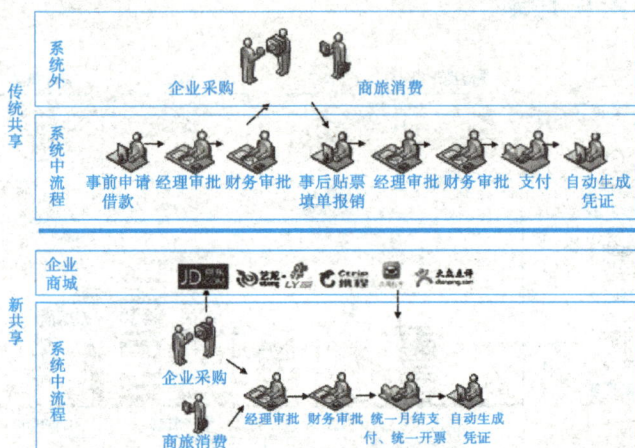

图 11-3　财务共享服务中心 3.0——打通交易环节与财务环节

以采购业务为例，一般地，主材或者直接物料的采购大都由 ERP 系统来完成。而包括商旅服务、办公用品、IT 系统、培训服务等非直接物料的采购并非由传统 ERP 系统完成，也经常处于不在系统内处理的"失控"状态，但这部分的成本费用金额不低，重要性也越来越高，将其纳入系统管理也成为必然选择。事实上，市场上也有越来越多软件系统或服务满足了企业实现 BSM（Business Spending Management，企业支出管理）的目标的需求。同样，随着国家金税三期工程的上线、推广，合规性要求大幅提高，企业税务管理变得更加复杂、敏感。传统的开票、收票、验票等线下工作也希望通过 OCR（Optical Character Recognition，光学字符识别）、财务机器人等数字技术与税控信息进行比对、集成，提高工作效率和更好地进行税务筹划。因此，业财税一体化成为财务共享服务中心 3.0 版本的必然延伸和主要内容。业财税一体化智能共享服务中心将成为企业的业务中心和数据中心，为各级企业人员提供可以随时调用的业务支持。大量的业务交易产生大量的实时数据，为数据建模、分析提供实实在在的源头活水，为企业提供业务调整依据，并为业务扩张提供更有价值的决策指导。

11.1.4　一个智能化无人工厂

业财税一体化智能共享平台包括了传统财务共享平台的所有模块：从费用管理、资金管理、应收、应付、总账管理、预算执行等核心模块，到一系列运营支持体系以及底层基础平台。同时，它将共享从传统财务会计的记账、算账领域向业务端延伸，包括了传统财务共享平台之外的创新模块，如商旅共享系统、采购共享系统和税务共享系统。

业财税一体化智能共享平台需要从根本上优化财务管理模式，建立一个在管理会计指导下的业财税一体化智能财务共享体系，如图 11-4 所示。

图 11-4　管理会计指导下的业财税一体化智能财务共享体系

业财税一体化智能共享平台是现代企业财务管理拥抱"互联网 +"和大数据技术的全新理念和模式。

互联网商业模式是以消费侧为主导、以模式为核心的新经济。如今，众多企业把销售端转移到网络上，实现了网上订单快速增长。但在企业消费和采购侧的管理模式上，仍然是与交易分离的、以事后报账为主线、以管控风险为目标的体系。在这种体系下，流程复杂、效率低下，难以适应互联网时代快速决策、快速响应的企业运营要求。互联网的核心思想是连接。企业运营全过程的"互联网 +"和大数据改造是企业发展的必然趋势。企业要开展数字化转型，就要利用互联网思维实现与外部供应商、税务机构的连接，变事后报账为对事前交易和数据的管控，变"以管控为核心"为"以服务为核心"，变手工会计处理为在线自动实时处理。

为此，企业可以在传统财务共享平台之上搭建企业商城，利用电商化平台实现与供应商、客户之间的无缝连接，并借助发票电子化实现税务数据与交易的关联。消费商城搭建在云端且与企业内部系统连接，要打通交易端业务流程，财务部门只需事前做好管控、做好预算、设置好流程即可。于是，业财税一体化智能共享服务中心应运而生。

除了提升运营效率，业财税一体化智能共享平台还要解决传统财务管理模式的几个难点。

一是利用互联网将财务管理重心前移到交易（业务）环节。

二是在交易管理过程中建立财务数据中心，收集管理会计、财务会计、交易和税务的全量数据。 摆脱传统模式下财务会计数据在前，管理会计数据在后的弊端，管理会计数据不再依赖财务会计数据，两者同时产生、互相校验，保证了管理会计数据的实时性。

三是在交易发生前和发生过程中实现管理会计的管控功能，同时对数据质量进行实时控制。 在订单生效之前的申请流程中，可以按照企业的预算、标准进行多维度的业务控制，在交易发生前对数量、价格、金额和供应商进行实时管控。在管控的同时收集管理会计维度（产品、渠道、客户、成本中心、项目、人员）的数据，并对数据录入的质量进行实时校验，保证管理会计数据采集的质量。

智能财务时代，传统会计将实现向业务管控者与价值管理者转型，企业财务管理借助智能财务共享平台将实现业财税一体化，为管理会计管控落地和数据采集、校验开启全新的模式。

11.2　智能共享让企业占据数据"高地"

在智能财务共享平台体系下，业务人员把精力完全放在交易的申请、货物的接收上面，简化了烦琐且不增值的报销、报账流程。财务人员实现了账务和税务自动化，可以从烦琐的重复劳动中解脱出来，更关注业务分析、风险监控识别等有价值的工作。智能财务共享平台通过连接和数字化改造，重构了传统财务处理流程，回归以交易管理为核心的企业运营本质，更加高效和自动化。

基于智能共享服务中心，企业得以回归以交易管理为核心的企业运营本质。**一方面，向前打通财务环节和交易环节，利用互联网开放和连接的功能，整合与交易的合作伙伴、客户、供应商有关的数据和流程；另一方面，向后支撑管理，让管理会计信息基于交易数据实时产生。**

11.2.1　24 小时无休的劳模 RPA

财务共享服务中心集中了海量结构化、规则导向、可重复的工作任务，这些工作任务的技术含量低，却耗费了财务人员大量的精力和体力。

例如，在财务结算流程中，经常会有十几个甚至上百个需要执行的小任务，并且每个任务之间环环相扣，密不可分，完成一个任务才能开始下一个任务。另外，在发票问题上面临着量大又烦琐的工作，并且需要进行长时间的复核，以防出现作业失误的情况。

基于智能共享服务中心的机器人流程自动化（Robotic Process Automation，RPA）系统，如图 11-5 所示，企业可以将传统财务共享服务中心最枯燥的工作自动化、机器人化处理，重构和削减大量财务流程。

7×24h×365d
全年无间隙的工作时间

降低成本
成本可以降至原人工执行的 1/9 左右

超高的工作效率
相当于人工效率的 15 倍

释放劳动力
机器人可以完成耗时及重复的任务，释放人力以执行更为增值的工作

零错误率
可以达到指定环境下零错误率的稳定工作质量

非侵入性
机器人配置在当前系统和应用程序之外，无须改变当前的人和应用技术

图 11-5　RPA 重新定义财务工作

具体来说，资金收付、自动纳税申报、自动对账清账、表单审核、发票处理、报表自动化、工资核算、费用报销审核、凭证打印、业财数据传递、数据智能采集（OCR、语音录入）、主数据维护等基础体力性工作均可由RPA 系统 24 小时无休地完成，如图 11-5 所示。

11.2.2　透明化交易中的在线财务部门

如果说应用 RPA 实现了传统财务流程的标准化和自动化处理，那么，电商化的应用则使智能共享实现了对传统财务处理流程的颠覆和重构。

基于智能共享平台，企业可搭建在线"消费商城"，将差旅服务（携程、艺龙等）、办公用品（京东、国美等）、公务用车（滴滴出行、神州租车等）、大宗采购以及内部资源采购"互联网化"，并与共享服务平台紧密连接，实现企业消费业务和采购业务对供应商的直接自动化结算。同时，基于电子发票信息，实现税务数据与交易的关联，实现自动化的会计核算。

在商旅共享系统中，企业可实现对差旅行为的事前管控，实现过程的透明化和自动化对账、结算，消灭报销，解放财务人员；在采购共享系统中，企业基于采购的"互联网化"，打破了原有以基层单位为边界的业务内部循环，大大提高采购业务管理的集约化程度，达到"一点结算、一点支付、一点核算"；税务共享系统可以全面支持发票管理、纳税和自动申报，大数据税务风险控制及税务筹划，可实现税务数据信息的大集中，达到"一点开票、一点算税、一点看税"。

基于智能共享平台，企业得以将外部的供应商、客户、分销商、经销商等和内部的人财物等资源配置到一起，打通内外、连接内外，回归以交易管理为核心的企业运营本质，颠覆和重构传统财务处理流程，实现交易透明化、流程自动化和数据真实化。其本质是实现财务处理的数字化。

11.2.3　点石成金的数据收集师

舍恩伯格在《大数据时代》一书中提到："虽然数据还没有被列入企业的资产负债表，但这只是一个时间问题。"

不是所有的数据都可称为资产。从财务上对资产的定义来看，资产是指由企业过去经营交易或各项事项形成的，由企业拥有或控制的，预期会给企业带来经济利益的资源。类比资产的定义，我们可以给数据资产做一个初步的简要定义：数据资产是企业拥有或控制的，能给企业带来未来经济利益的数据资源。

　　企业在日常经营中会产生大量数据。过去，这些数据以杂乱无序、口径不一的状态隐没在数据坟墓中。数据质量参差不齐，数据价值难以被挖掘和释放，这样的数据很难被称为数据资产。而如今，基于智能共享服务中心，企业能够从交易源头上实时获取内部各单位和外部供应商、客户等，真实、完整、准确、口径一致的财务和业务热数据。这些质优价廉的数据通过数据捕获、数据智能解析、数据挖掘、数据治理、数据可视化展现等技术，可以成为清晰有序、有条理、有脉络的数据。企业即使不通过买卖这些数据直接获益，也可以通过运营和管理这些数据获利。

　　具体而言，企业可以将共享服务中心获取的交易端热数据实时录入管理平台的多维数据库中。管理层不仅可以基于这些数据进行战略、经营管理决策，而且可以基于这些数据形成可视化的分析报表，实时对不同业务场景进行指导、控制业务风险，支撑业务发展。

　　举个例子，在用户访问淘宝、京东时，这些电商平台会实时记录用户的访问记录并将其传输至后台。后台会快速对这些热数据进行大数据分析，并反馈回前台界面，实时为用户进行个性化的商品推荐，帮助精准引流，促成更多交易。这是当前技术下热数据赋能业务的典型场景。基于智能共享平台，我们同样可以对业务热数据进行实时记录和传输，并基于大数据分析为业务端提供场景化、可视化的业务分析报告，让数据真正为业务赋能。当数据能够为企业带来经济利益时，它的价值将不可估量。

11.2.4　耳聪目明、勤奋好学的数字助手

　　随着人工智能技术的深度发展，机器学习、嵌入式分析、数字助手、语音识别、图像识别等智能化技术纷纷应用于共享系统，系统将变得越来越"聪明"。

　　如果将工作的场地切换到智能共享服务中心，本章第一节讲述的故事中的小王一定不需要忍受无穷无尽的审单折磨。因为，应用了智能审单扫描技术的共享系统，如人眼一般"会看"。

　　若我们对一张发票进行扫描，系统会将我们关注的信息导入相关的台账，并对这些信息逐一进行验证。如果我们重复扫描这张发票，系统就会

发出预警。而如果我们扫描一张其他公司的发票，系统拍照后就会迅速报警，告知这张发票不属于本公司，无法进行验证。即使我们拿来一堆五花八门的国外差旅发票考验系统，只要此前员工的差旅行为合规，系统就可快速完成与员工差旅行为有关的所有信息的智能化对应，在此基础上轻松完成各国票据结构化信息的不同维度的智能审单扫描，并帮助员工完成智能填单。

系统如人耳一般"会听"。未来的某一天，你或许会与共享服务中心的智能化数字助手"小元"展开类似的对话。你说："小元，你能按公司审核制度，帮我从这几万笔报销单里面找出有问题的报销单吗？"小元秒回："老板，这里是你要的有问题的报销单列表，我可以快速通过邮件、微信等方式推送给你。"

系统如人脑一般"会思考"。如果你担心项目合同付款跟踪信息、供应商付款信息、客户开票回款信息有误，你可以安排系统快速通过移动化的方式实时开展健康体检，实时发现异常指标，并层层追溯直至找到问题根源。

系统还如人类一般"会学习"。基于知识图谱的智能财务规则引擎在共享系统中意义重大，它使我们可以基于财务知识图谱和专家系统中预置的常识和通用规则，直观地快速创建规则。例如，当管理者发现项目分摊有问题时，可以立即创建一条新的单据控制规则，并用自然语言处理的方式告知系统。系统会自动识别、创建并保存这一规则。当员工再次提交单据时，就会收到新规则的提示。利用知识图谱、语音交互，管理层能够实时自定义规则，而系统也能够理解管理者意图，企业的管控将更加智能化……

11.3　采购共享系统

企业管理是一个系统工程，每个管理节点都会影响到企业运营的顺畅和效能。随着互联网应用的普及，花样翻新的营销方案能够给业绩提升带来非常明显的效果，对企业发展至关重要。但营销效果越好，后端的生产、采购、运营的倒逼压力就越大，"供给侧"的顺畅运营是企业健康发展的重要保证。

企业采购品类不断增加、采购模式多样，要求采购管理体系具备相当的灵活性；同时，采购管理与整个企业管理的集成性亦需得到加强，能够兼顾与财务、税务的实时协同，集团与分、子公司的协同等。因此，作为企业"供给侧"的采购管理体系走到了亟须进行改革的时候。

11.3.1　传统采购的四种模式和"三宗罪"

根据采购对象的不同，企业采购模式可以分为战略型、杠杆型、获取型和多样型四种类型。

第一，战略型采购模式。采购对象具有价值高、产品独特的特点，是企业经营的关键要素，只有少数供应商有能力提供，供应商转换困难，如高端的机械加工设备、部分关键原材料、管理信息系统及服务等。采购策略包括对供应商进行战略性选择、在技术和研发方向上与供应商采取战略合作方式，采购过程的控制显得尤其重要。

第二，杠杆型采购模式。采购对象具有产品价值较高、合格供应商较多、采购需求量较大等特点，如电子材料、结构件、重要的车辆设备、通信及计算机设备等。采购策略是减少供应商数量，集中采购以降低成本。通过供应商评估严格监控产品和服务质量。

第三，获取型采购模式。采购对象具有产品价值低、产品满足标准的质量和技术要求、供应商转换成本较低等特点，如保洁用品、办公用品、劳保、小食品等。采购策略为自主采购、通过通用电子目录自助采购、使用自动采购处理系统采购，尽量减少采购部门的工作。

第四，多样型采购模式。采购对象具有产品价值不高、有大量供应商、相对标准化、容易获取、供应商转换成本低等特点，如通用物资、包材、办公用品、低价值办公自动化设备、计算机设备、标准网络设备和交通工具等。采购策略是低价格采购，重点在于价格分析，采用电子招标、竞价采购方式。

传统采购模式没有涵盖企业所有采购对象，也没有实现全流程的打通和协同，尤其是没有和财务系统协同对接上。具体来说，其存在三大弊端。

第一，业务流程管控不力。 很多业务流程和财务之间的数据是隔离的。财务部门的数据抽取、分析、展现等都是事后分析。即使有能力做到实时分析，但由于很多业务流程并不在统一的数据共享平台里，所以无法实现。因此，财务没有对业务流程形成洞察力和控制力。

第二，存在财务结算风险。 有的企业采购流程分散在两个不同的 ERP 系统内。采购员负责和供应商进行对账以及三单匹配（采购单、出入库单和发票）。在采购员把发票交到财务部门前，财务部门不知道到底收了多少货，应该准备多少资金。很多发票交过来的时候就已经临近付款日期，甚至过期了，存在很大的结算风险。

第三，降低效率和准确性。 过去管理系统的关注重点和解决方向与企业的现实需求有一定偏差。企业通常会首先解决最主要的问题，然后逐步解决剩下的问题。企业靠 ERP 系统支撑起运营、战略分析等工作，为财务端提升效率、风险管控等需求可能会放在后期来满足。

11.3.2　企业的一站式支出管理平台

从发展阶段来讲，采购管理的发展经历了三个阶段。第一个阶段是物资采购阶段，信息系统采用 ERP 采购管理系统，注重生产计划响应和采购执行结算，更关注企业内部的协同。第二个阶段是生产物资战略采购阶段，信息系统采用 SRM 系统，在 ERP 采购管理系统的基础上增强了寻源管理和供应商管理，更强调供应商管理和战略物资采购。第三个阶段是采购共享阶段，信息系统采用 BSM 系统。在这个阶段，采购管理强调加强费用和复杂采购支出的管控及和供应商的协同，覆盖全部品类、从采购到支付的全部流程，如图 11-6 所示。

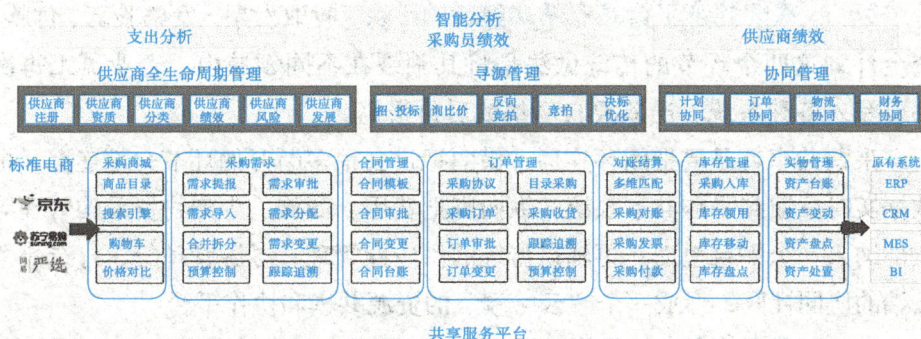

图 11-6　采购共享平台

在数字化、互联网技术高速发展，企业需求多样化的今天，企业的采购管理已经不能继续沿用信息化早期的策略，企业需要打造一个整体的、一站式的采购管理体系，把流程打造得更加顺畅，应对市场变化才能更加敏捷。

采购共享方案不同于传统的 ERP 系统和 SRM 系统中的采购管理，更加贴近今天企业的管理需求。ERP 系统**打通部门信息隔离，解决执行端的问题**；SRM 系统**以采购部门为导向，解决专业的采购问题；而一站式 BSM 解决方案就是要解决采购部门的专业需求和企业整体支出管理需求这一双重难题**。企业需要把所有品类，包括商旅支出，全部纳入这个平台去管理、分析和控制。对企业而言，采购共享具有四大价值。

首先是简化和整合。简化采购系统的复杂性，为采购员建立一个统一的采购门户，缩短他们在系统上所花的时间。然后，把第三方资源整合到这个平台上，如第三方电商平台、资信平台等资源。

其次是高度自动化。基于创新的技术给采购管理带来全新的提升空间。有研究显示，50% 的企业 CPO（Chief Procurement Officer，首席采购官）认为他们的采购流程效率有待提高。从传统的采购订单、审批到对账、核算，未来可以引入更多技术，包括机器人技术，提高采购效能。

再次是智能风险管控。在财务、资金等环节，有很多机会可以去整合第三方资源做智能管控。

最后是行业化应用。例如，财务部门对固定资产的管理，财务部门需要了解固定资产实物调拨申请的提出、调拨地点等信息。通过行业化应用，使业务管理的范围更广、颗粒度更小。

第一，采购共享平台是一站式整合的平台。收取发票、发票验真、付款、资金计划这四个环节的传统做法是将其割裂在不同领域内。企业员工每次都要登入各种系统，出差要自己垫钱后再报销。

采购共享就是要把闭环连通，横向把过去很多断开的环节全部连上，把数据实时反馈到采购共享系统；纵向则把费用、商旅、生产物资采购管理等全部纳入一个平台里面；再辅以传统的供应商管理、寻源管理等，打造一个云端的协同社区，形成一个"云＋端"的资源共享和协作平台。

第二，采购共享平台是基于互联网融合共通的平台。通过采购共享平台，企业可以最大限度地简化过程。在这个平台的前后端都提供电商式的购物体验，员工可以在平台上提交采购申请，经上级领导批准后系统自动下单、自动采购，同时，系统还与税务系统打通，自动完成发票验真、税务规划等工作。

第三，采购共享平台实现了智能对账和结算。基于采购共享平台，供应商自助上传对账单，完成智能对账和差异预警，支持用 RPA 功能生成发票，提高对账环节的效率和准确性，控制风险。

第四，采购共享平台满足了我国企业深入应用采购信息化的需求。采购共享平台可实现费用类商品库存管理、资产实物管理、复杂采购管理等。

第五，采购共享平台实现了技术创新。采购共享平台的建设应用了一系列创新技术，如在采购付款环节采用机器人技术实现自动下单、自动付款，在供应商管理环节运用物联网、虚拟现实技术对关键供应商的现场情况进行管理和考核，大幅度提升管理效率等。一系列创新技术的应用令企业可以对未来需求进行更准确的预测、对市场波动进行一定程度的预测。

11.4　商旅共享

在很多企业，商旅管理都是压在财务人员身上的一块巨石。尽管差旅费单笔金额不大，但涉及部门、人员、事项众多，稽核及账务处理量大，对账烦琐，管理不透明，票据粘贴不合规，给财务人员造成了极大负担。

而随着互联网、大数据、人工智能等新技术的发展，传统商旅管理模式终于迎来巨变。一种全新的商旅共享模式破土而出，全面实现了商旅管理规则的程序化、流程的自动化以及管理的透明化，将引领企业商旅管理迈向新的未来。

11.4.1　一场说走就走的旅行

"师傅，去首都机场 3 号航站楼。"王兵坐上出租车，一边麻利地系好安全带，一边简短地报出目的地。坐稳后，他迅速拿起手机，熟练点开云快报 App，登录个人账户进入公司机票预订页面，选择国航售卖的 2 小时后北京飞上海的机票，确认完成下单。几分钟后，手机弹出一条短信，上级领导已审批通过；与此同时，又一条短信显示系统已自动完成购票出票。

这是商旅共享模式下，员工出差时的寻常一幕。没有延时、没有垫款，无须事后填票报销，所有流程借助互联网在线自动完成。

简单来讲，商旅共享平台是商旅行为、费用管理与商旅资源、数据共享的有机结合，如图 11-7 所示。通过整合"线上＋线下"资源与数据，商旅共享平台打通并接入众多商旅平台及供应商并进行自动比价，将差旅申请、预算控制、审批、下单、记账、结算全流程打通，从在线申请、在线下单、系统自动与预算关联到完成采购、统一结算，形成完整的闭环。

注：TMC，Territory Merchandise Center，区域商品中心

图 11-7　商旅共享平台

当前，基于互联网的商旅管理主要分为三种模式，即单服务商模式、链接跳转模式和商旅共享模式。单服务商模式基于一个单一的平台进行采购，使用平台上的协议价格在线完成下单，公司统一结算。链接跳转模式可以连接商旅平台和第三方消费平台，利用多个平台的多链接端口跳转进入不同平台完成自助在线下单，公司统一结算。而商旅共享模式基于 API（Application Programming Interface，应用程序接口）集成，可以将外部的多个平台资源接入一个商旅共享平台，实现自动比价、自动下单、自动对账、自动结账。

作为打通企业全面支出管理的一大突破口，商旅共享模式代表了商旅管理发展的未来趋势。这是因为与其他模式相比，商旅共享模式具有三大优势：一是实现了业财融合，让财务管理更高效；二是实现了事前管控，让过程更透明；三是可接入多样化、定制化资源，让消费更灵活。

11.4.2　出差不用报销吗

某保险集团是我国较早进行财务管理转型的企业之一。2012 年，该集团建设了财务共享平台，使财务核算逐步走向规范化。但近年来，随着该集团对会计信息质量要求的不断提高，传统财务职能的事后核算和监督已经不能满足其对信息质量的要求，"业财融合"的概念在该保险集团内部产生。为此，该保险集团升级财务共享体系，接入商旅平台，形成了新型商旅业务管理模式。

通过在财务共享平台上接入商旅平台，集团取消了出差申请，实现了自动化的差旅申请、采购和结算，如图 11-8 所示。由订单交易开始，个人登录界面后，自动识别部门，由部门、消费类型等字段做好关系对应，预算、核算字段自动带出，无须逐个字段选择，并且把财务管理用到的科目、费用明细等字眼转换为业务语言。通过控制引擎、预算引擎，实现差旅费用控制标准、预算标准内置到订单提交环节，领导审批完由企业统一支付，无须个人垫付再报销。订单状态达到指定状态自动触发对账，对账无误后生成凭证。按该保险集团的结算要求与供应商对账和核算。

对发票的处理如下。账期结束后，针对对账成功的订单，做发票申请，供应商开具发票后线上回传发票信息并将发票邮寄到指定地址。线上回传发票信息后进行发票检验、发票认证以及进项税转出等。线上验证信息以及纸质发票邮寄后做相关关联并存档。

商旅管理及费用报销流程

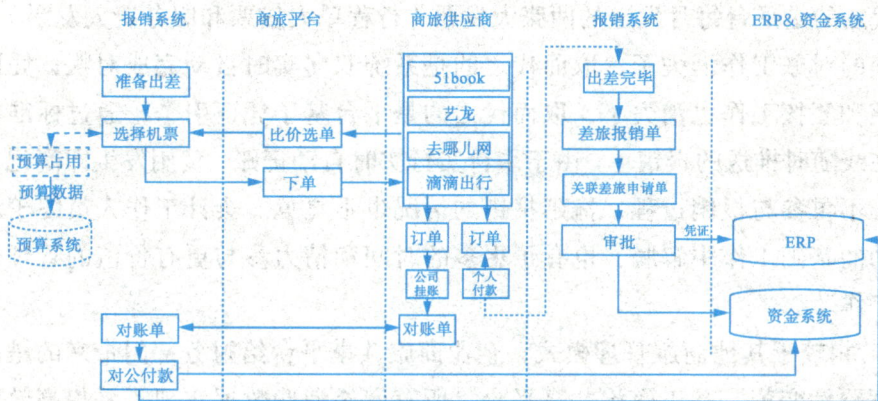

图 11-8　某保险集团商旅管理及费用报销流程

变革商旅管理模式后，该保险集团的人工成本大大降低，工作效率大大提高，差旅费用有效降低，消除了相关人员处理和审核海量差旅发票的压力，并降低了企业数据外露的风险。

11.4.3　高效、透明、灵活的商旅共享

（1）被"解救"的会计工作人员

陈一涛最发愁的事就是审核那些堆积如山的差旅报销单据。各种行程单、酒店发票、车票五花八门，凌乱不堪。陈一涛要厘清每张票据是否真实、合规，每笔支出是否与申请相符，票据与差旅行为是否匹配，票据填写是否规范，碰到问题票据还要找业务人员来回沟通……这些工作量巨大又零散琐碎的事情时常令陈一涛抓狂。

与他一街之隔的一栋大厦里，会计姜霞的烦恼也不少。尽管集团引入线上商旅供应商后，由供应商每月统一发送当月商旅支出的大发票，免去了单笔、海量票据的填报和审核工作，但一笔一笔毫无技术含量又琐碎细致的对账工作常常令她怀疑自己的职业价值。尤其是商旅支出无须员工垫

付后，对于财务部门而言，新的烦恼接踵而来。每月供应商对账单与实际报销单之间总有差额。很多员工完成了差旅行为，却迟迟不提交报销申请，对公司利润表构成了一定影响，这点也让姜霞头疼不已。

商旅共享平台的出现解救了他们。现在，海量的报销发票消失了，取而代之的是平台每月发送的两张大发票（行程单大发票和服务费大发票）；烦琐的对账工作消失了，取而代之的是系统双向实时自动完成对账；凭证审核和复核工作也消失了，取而代之的是平台基于凭证引擎，通过标准接口在线随时推送的报销单。由于平台实行实时自动记账，费用发生即簿记，员工不再参与报销过程，拖延报销的情况也不复见。会计工作人员终于从报销的基础工作中解脱，也有了更多的时间和精力参与更有价值的管理会计工作。

相较于其他商旅管理模式，企业商旅共享平台给财务部门带来的是一次颠覆性变革。基于商旅共享平台，所有商旅消费数据实现了采集高效、自动处理和智能输出。在这个过程中，系统实时记录大量的翔实数据，既包括详细的订单交易数据，也包括会计记账数据，还有翔实的发票全票面信息。所有数据直接取自交易端，真正打通了业务和财务，打通了内外信息，实现了业财融合，有利于推进管理变革。同时，基于商旅共享平台，企业实现了自动化、无纸化报销，消灭了报销流程，实现了消费报销一体化管控，大大提升了工作效率。

（2）"背锅侠"张林的救星

张林垂头丧气地走出总裁办公室。这样的"背锅"对他来说早已不是第一次了。尽管每一次违规的都是业务部门，但挨骂的却往往是财务部门。最倒霉的是，因为领导不关注控制流程，每次都让他百口莫辩。

他知道问题出在商旅管理上。因为系统中只有单一的事前申请，既没有将申请与预订行为相关联，也没有对预订行为进行事前控制，导致差旅费用无法被有效管控。每次发现差旅行为出现偏差时，总是为时已晚。

必须想个办法了！张林暗暗地想。

几个月后，该集团商旅共享系统正式上线。当张林点开系统下单预订机票，来回测试流程，看到系统中接连闪现的超标黄色、红字警示时，他的脸上露出了笑容："终于可以睡个踏实觉了！"

　　商旅共享平台将所有商旅资源接入平台内部，通过在商旅共享平台内设置审批流程和费用标准，轻松、有效地对所有商旅行为进行过程管控，实时监控和反馈企业总部和各单位的商旅消费行为，从源头上对商旅费用进行控制，实现过程显性化、透明化，确保费用不超标。

　　如图 11-9 所示，具体而言，员工在商旅平台上发生消费行为前，要经过申请和预订两个环节。预订与申请发生偏差时可实时提交偏差原因。消费完成后，员工行程、报销单、航司订单、违反差旅政策说明均与差旅申请单智能关联，无须差旅管理部门人工审单，在有效提高企业整体运营效率的同时，保证员工差旅行为的合规性。

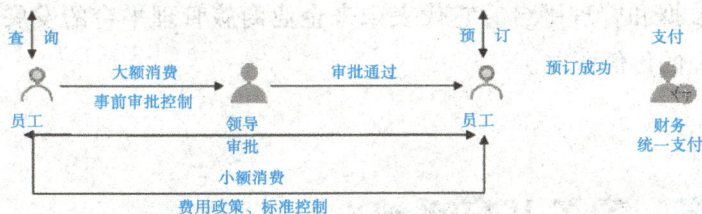

图 11-9　商旅共享平台的事前控制流程

（3）财务人员杨兰的困惑

　　杨兰没有想到，使用公司新引入的商旅管理平台预订酒店房间时，价格居然比以前还贵！"这家酒店是我们的协议酒店，我们有协议价的，不能直接接入吗？"身为一名财务人员，杨兰对数字很敏感，她忍不住提出这样的疑问。

　　行政人员韩琳无奈地摇摇头："使用这个平台预订就只能执行平台内供应商的价格。但现在咱们的处理办法是不通过平台，直接找协议酒店预订。"

　　"那不又得多头要票、出票，增加工作量呀。"杨兰在心里嘀咕道。

　　很多企业，尤其是大型集团企业，拥有多家协议酒店、协议航司已是标配。对于这些企业而言，一套可按需接入商旅资源，可帮助企业实现差旅支出的一体化、自动化单据和账务处理的定制化商旅管理平台，显然才是真正富有价值的平台。

　　然而，当前的商旅管理平台要么封闭、排他，只允许使用平台内资源，只允许执行平台内价格；要么拓展性受限，无法接入单家航司、酒店等资源。这导致企业在使用商旅平台时，往往还同时使用多家供应商、服务商。资源仍是分散的，无法聚合在一起，平台的价值自然大打折扣。

商旅共享平台基于开放、共享的系统构架，可以将更多资源聚合在一起。根据企业需要，平台既可选择接入多个商旅预订平台进行自动比价，也可定制化接入单家航司、酒店等享受协议价格。这使得企业差旅预订更灵活，工作流程更简化，议价空间更大。

得益于商旅共享平台拥有的资源、技术优势，以及财务共享服务在我国企业中日益广泛、深入的应用，与财务共享平台无缝集成的商旅共享平台将成为贯通企业差旅申请、预订、结算、账务、管控的企业差旅支出自动化数据和管理平台。它代表未来企业商旅管理平台的发展方向，也是商旅管理的价值所在。

11.5　税务共享系统

当前，我国税务机关正通过技术手段弱化属地管理，构建一体化税务征管体系，完善涉税闭环管理。企业税务管理借助信息技术进行互联网化、共享化转型成为必然趋势，构建税务共享服务中心成为走出互联网时代大企业税务管理困境的唯一出路。

税务共享服务中心从大企业税务管理体系建设出发，运用信息数据网络化思维，更新传统的企业税务制度规则，打造从企业内部税务活动到税务机关征管平台的税务信息共享路径，承载大企业集团全税种、全主体、全业务、全流程的税务管理应用工作，实现低成本、高效率、低风险的企业税务管理目标。

11.5.1　税务管理向共享化发展

互联网时代的到来推动了技术创新的浪潮，催生出一系列技术群——

大数据、云计算、区块链、移动互联网、人工智能、物联网等。在信息技术的推动之下，工业社会原有的一些基本概念的内涵正在发生深刻变化。互联网时代重新定义了基础设施、生产要素和协作（分工）结构。为适应互联网时代的发展，国家税务总局发布了《"互联网＋税务"行动计划》（税总发〔2015〕113号），把互联网的创新成果与税收工作深度融合。"营改增"、金税三期、多证合一、办税人员实名制、国地税联合稽查、个人税号、纳税信用体系等多项举措并进，我国税收征管和涉税风险管理体系正在向互联网化加速变革。在此背景下，我国税务管理的形势更加严峻，企业的税务管理也将朝着自动化、共享化、智能化的方向高速发展。

首先是自动化。税务信息化的发展使国家对企业的税收监管越发全面。在发票认证、抵扣全面网络化，电子发票全面推行，各纳税申报系统接口开放，以及税务局对企业进行税务风险指标评估等一系列推进信息化成果利用的举措实行后，各行业企业均开始重视立足于企业内部税务管理的信息系统，以期实现全部涉税业务的系统化、自动化管理，降低涉税风险，提高税务整体筹划能力，为企业创造价值。

其次是共享化。企业税务管理的变革需求是显而易见的，但是由于我国特殊的税收政策，企业的税务管理体系建设缺乏行业基准和实践参考。税务信息化管理对税务管理团队的税务数据分析和变革管理能力也提出新的要求。越来越多的企业对税务的集中管理提出了迫切需求，希望共享管理的模式可以应用在税务管理领域。税务共享通过整合公司内部、外部的资源，内通外联；又通过网络化的平台，实现税务管理从线下到线上、从分散到集约的转变，从而达到税务资源配置的帕累托最优。

最后是智能化。语音识别、图像识别、语义识别、知识图谱、训练引擎、AI 模型等人工智能技术的高速发展将推动税务管理模式的创新。在数据智能采集（OCR、语音录入）、智能审核、智能凭证、自动纳税申报等方面，税务机器人将得到普遍应用，70%—80% 的重复性、数据性、客观性、可计算的工作都将被人工智能取代。人工智能与云计算、大数据等技术结合，将与税务共享完美融合，大幅提升企业的税务管理效率，提高企业的风险管控能力。

11.5.2 税务共享的内涵

随着互联网技术的不断发展，共享服务模式得到了长足的发展，企业税务管理的数字化重塑终于迎来了突破瓶颈的关键时刻，税务管理信息化、自动化、智能化得到了越来越多的企业的青睐。

税务共享融合了共享经济和治理理念，能够为企业打造票税一体化解决方案和平台。**税务共享服务中心是以企业涉税业务集中管理为核心，利用互联网等信息化手段，通过信息共享、IT共享、服务共享和知识共享实现税务机关、企业及其分子公司有机结合的统一整体**，从线下向线上、从分散向集中过渡，消除信息传递的中间环节，在提高企业管理效率的同时降低管理成本。

具体而言，税务共享服务中心分为**税金全生命周期管理、发票交付管理、电子发票交付管理、智能收票管理**和**税务风险管理**五大部分。通过打造税务共享的五大核心能力，形成最全面、最专业、最安全的企业票税数字化管理体系，全面支撑企业交易数字化转型和重塑，如图11-10所示。

图 11-10 税务共享服务平台

税金全生命周期管理。税务共享服务中心系统从税基管理、税额计算、税金计提、纳税申报四个环节将税金管理的各环节实现闭环管理，承载企业的全部税种、全部主体、全部涉税业务、全部处理流程，并在纳税申报环节采用机器人，大幅减少人工工作量。由于税务政策的频繁变化，企业对税务人员的要求较高，该系统提供了政策法规知识库，帮助税务人员快速掌握法规，避免税务政策变化带来的税务风险。

发票交付管理。具体分为对销项发票的全生命周期管理和对空白发票的严格管理，防止空白发票丢失，确保每一张发票都被正确地使用。系统与前端收入系统对接，杜绝虚开发票。通过灵活的配置，根据企业情况支持发票单笔打印和打印中心批量打印。系统内置了税控机、专票打印控件的大部分功能，当税务政策发生变化时，系统只需进行一点修改就可以适应。系统在确保发票正确开具的情况下，自动生成销项税，为税金的自动计算做准备。

电子发票交付管理。系统一点支撑企业内部所有开具电子发票的业务，提供极简的开具功能，支持用户自助开具。针对电子发票特点，系统提供了便利的二次服务功能，以便用户丢失发票或需要再次提供发票的时候方便、快捷地拿到发票。

智能收票管理。运用最新的人工智能技术，系统将人工处理票据的相关环节变成系统自动处理的环节，既可以降低人工出错的概率，又可以大幅提高工作效率，从而降低企业管理成本。专票认证由目前传统的扫描认证、网站勾选变成系统自动认证，系统自动对普票进行查验，解决目前重复报销及以假票报账的问题。系统可以在企业内部查重，混合检查专、普票，提升企业的获票率，从而降低企业的增值税税赋。

税务风险管理。构建识别风险、发现风险、治理风险、化解风险的风险管理体系，使风险管理由事后分析转变为事中监控、事前预防，将其前移到业务环节中，实现风险管理流程标准化、风险控制点指标化、风险管理前移化、风险防控全员化。通过应用信息系统，建立风险扁平化监管和应对模式，提高风险应对效率。

基于云架构的票税一体化管理平台，实现了用企业一套系统、一点式管理票税相关业务的功能，能够满足企业所有业务中心的票税业务需求。其不仅可以应用于大型集团企业，也适用于中型和小型企业，有利于提高企业效率，降低管理成本。

11.5.3　税务共享为宇通集团插上智能化算税的翅膀

宇通集团（下文简称"宇通"）是以客车为核心业务，以工程机械、汽车零部件、房地产为战略业务，兼顾其他投资业务的大型企业集团，是我国客车行业的领跑者，多年位于河南省纳税100强前列，是河南省的重点税源和千户企业集团。作为大型企业集团，宇通的税务管理工作具有三大难点：一是规模大、纳税主体多、管理难度大；二是人工算税风险高；三是税务风险缺少事前管理。

国家金税三期工程全面上线以来，日渐严格的税收征管要求使宇通面临越来越大的税务管理压力。这促使宇通建设税务共享平台，以解决日益突出的税务管理难题。

宇通的税务共享平台的业务范围包括全税种自动化算税、税务风险管控、税负分析、税务内部管理。

全税种自动化算税是指根据税金自动化算税五步法，即自动化税基提取—自动生成税金计算底表—税金计提自动记账—纳税申报表自动生成—税金支付凭证自动记账，实现智能税金全过程管理，为企业构建合规的全税种自动化管理，避免算税失误，减少重复的人工工作量，提高税务遵从度。

税务风险管控是指宇通通过搭建集团自己的税务风险管控体系，构建一张集税务监控、监察、预警、执行跟踪于一身的风险管控网，全流程跟踪事前、事中、事后税务风险，支持风险应对与跟踪以及企业内部自查、外部检查、稽查等。

税负分析是指从产业集团、行政区域、税款上缴机关、版块、纳税主体、税种、税款属期等多维度查询、统计各单位各类税费缴纳情况，支持"钻取式查询"，实现对数据的逐层细化、深化分析。

税务内部管理指通过提供法规库、档案库、任务管理等功能，实现宇通内部税务管理工作透明化、标准化。其中档案库实现涉税材料自动化留档；法规库结合任务管理可实现涉税政策法规、政策解读自动更新及推送，为税务人员提供税务专业指导，方便其及时了解涉税新政，精准匹配适用的优惠政策，为企业减轻税负。

宇通的税务共享服务中心从大企业税务管理体系建设出发，运用信息数据网络化思维，更新传统的税务制度规则，打造从企业内部税务活动到税务机关征管平台的税务信息共享路径，承载集团全税种、全主体、全业务、全流程的税务管理应用工作，实现了低成本、高效率、低风险的企业税务管理目标，有效提高企业的税务风险管控能力，降低企业涉税成本。宇通建设税务共享中心前后税务管理活动的对比如图 11-11 所示。

	共享前状态	共享后方案
企业所得税计提职责归属	税务人员（当地法人公司）	共享服务中心 总账会计
企业所得税网上计算与申报的职责划分	当地财务人员负责填写申报表，并由当地财务经理审核签字 当地财务人员完成网上申报 当地财务人员填写企业所得税报账单	共享服务中心税务会计填写申报表，由共享服务中心税务主管、当地财务经理审核 共享服务中心税务会计完成申报 共享服务中心税务会计填写企业所得税报账单
个人所得税申报的职责归属	当地财务人员进行个人所得税的网上申报，与现状贴近 当地财务人员填写个人所得税报账单	共享服务中心税务会计
增值税的账务处理逻辑	各企业增值税相关的分录借贷科目存在差异	统一核算科目 共享服务中心会计执行
增值税的申报	线下属地申报	集中网上报税

图 11-11 宇通税务共享前后对比

近年来，得益于移动互联网技术的快速发展，共享经济逐渐兴起，人们对过剩产能的共享成为可能。税务管理本是企业的一种内控行为，大企业不同分、子公司税务管理水平不一，大企业集团应基于"互联网+"技术平台进行税务信息共享和上下游企业衔接、税收管理系统对接等税务管理服务共享。

第 *12* 章　解开镣铐，跳出数字化运营的新舞步

　　智能管理会计体系的构建是一项系统工程，牵扯的不仅是新技术的应用，还有企业自上而下观念和组织的变革，以及与具体业务相结合的路径。无数企业数字化转型失败的教训告诉我们：如果无法跳出传统财务模式，即使应用先进的人工智能和大数据技术，管理会计的价值也顶多是提升效率、减少人力投入，无法从根本上实现数字化运营。

　　所以，奔跑在数字化、智能化之路上的企业应该引入怎样的新思维，踏上怎样的行动路径呢？本章我们将以通威股份、卓越集团和南钢集团三家企业为例，讲述它们如何应用智能化管理会计实现数字化运营的真实故事。相信这些故事也会给其他企业带来有益的启示。

12.1　通威股份：数字化的核心是引领业务迭代升级 [9]

　　从创始人刘汉元发明"渠道金属网箱式流水养鱼技术"到成为全球最大的水产饲料生产企业，从农牧业到新能源行业的跨界延伸，通威股份（下文简称"通威"）的运营成本总比行业平均成本低、运营效率总比行业水平高。无论是"渔光一体"模式还是双主业发展模式，都是异于普通企业的创举，又是符合企业禀赋和行业发展趋势的前瞻之举。38年来，通威的发展既高速又稳健，既有耳目一新的创新，又有精于细节的管理常态。到底是什么支撑着通威模式独特的"创变者逻辑"？通过对通威数据赋能体系的调研，我们也许能得出答案。

12.1.1　IT 建设从提升效率到引领变革

通威的 IT 愿景是 IT 即业务，创造竞争优势；IT 使命是业务赋能，支撑战略转型，引领业务变革，推动管理创新；IT 目标是打造数字通威，实现卓越经营、极致体验、生态融通。通威的 IT 愿景、目标、规划可以令人强烈感受到其团队是一个非常有思想、有服务意识的 IT 团队。

在 20 多年的信息化建设过程中，通威大致经历了三个阶段。在信息化 1.0 阶段（1998 年—2004 年），通威的信息化应用与其他传统企业没有太大区别，专注于部门应用软件，提高部门工作效率。2005 年—2013 年为通威的信息化 2.0 阶段。彼时，通威总部从四川眉山迁移到成都，随着通威股份上市，其业务从四川扩展到全国，分、子公司数量逐渐增加。解决跨区域的沟通协作、支撑全局业务发展是核心需求，也是这一时期通威信息化建设的重点。

从 2013 年开始，通威开始实行"新能源 + 农业"双产业协同发展的战略规划，通威也进入了信息化 3.0 的新阶段。既要考虑集团管理的需求，也要考虑农牧行业与新能源光伏行业的不同特点，制定相应的信息化策略。

在业务模式和运营模式上，通威股份的两大主业"农业"和"新能源"产业是两个完全不同的产业，旗下分子公司众多，这也使得通威在管理模式上呈现出两个鲜明特点：一是具有典型的企业集团管控模式特征；二是集团以生产为核心，具有典型的制造业协同管理特点。在这种背景下，通威信息化 3.0 阶段的建设不仅要考虑集团的纵向管控要求，同时也要兼顾制造业横向协同的管理特点。基于此，通威信息化 3.0 阶段的建设提出三项核心诉求。一是灵活适应、快速复制。系统能快速适应业务模式、管理模式的变化，可以随着组织的裂变快速复制、快速部署。二是横向协同，纵向管控，即各个产业、供应链业务与数据可协同集成，决策者可以第一时间了解第一线情况，有效控制风险。三是有效集成、全面支撑，即数据在一个平台里面有效共享、集中部署，并实现对业务形态的全面支持，涵盖饲料、食品、新能源三大业务板块的信息化需求。

2018 年年底，通威开始进行新一轮的数字化转型。一方面，从外部环境来看，近几年，以大数据、物联网、云计算、区块链、人工智能等为代表的新一代技术快速崛起，并向企业中逐渐渗透。对通威这样的传统制造企业来说，在这一轮数字化浪潮中，如何跟上时代步伐，运用新的技术手段支撑业务拓展、促进管理创新，成了 IT 部门不得不考虑的事情。另一方面，从企业内部来讲，通威迅速倍增的业务规模，快速扩张的经营范围，日益激烈的竞争环境，使得通威的信息化架构和 IT 运营模式所存在的瓶颈日益凸显，IT 如何与公司经营融合、如何构建及迭代核心的竞争能力，来应对快速变化的市场形势，这些都对 IT 部门的响应能力提出了极高的要求。聚焦公司核心业务，以技术领先为保障，专注于打造极致产品和创造客户价值，强化核心竞争力；以机制激活、满产满销、标准化管理为驱动，提高内部运营效率，从而提高行业领先的控制成本能力，实现公司与客户的共赢发展，继而持续夯实公司在行业的龙头地位。基于公司质量方针，打造公司核心竞争力就需要 IT 系统的及时跟进和提高，数字化转型成了必要之举。

基于这样的思路和方向，通威股份对数字化转型的方向进行了重新规划，制定了面向未来的新的 IT 战略，并对 IT 目标进行了重新定义：一是要**通过数字化转型实现卓越运营**，即通威股份作为一家传统制造企业，要通过运用新的技术手段提升组织运营的效率，优化运营成本，使得自身具有高于行业的运营效率和成本优势；二是**通过数字化转型升级，以客户为中心，为客户带来极致体验**，提升通威股份的客户的服务体验，使得与客户的合作更加便捷，提升客户的忠诚度和满意度；三是**构建未来发展生态**，实现整个产业链的生态协同，能使得产业链上下游合作更加紧密，而且整合产业链资源也能更好地为客户服务。这些能够助力通威 IT 部门完成支撑战略转型、引领业务变革、推动管理创新的数字化转型新使命。

12.1.2   走过数据整合的三个阶段

通威每一次信息化转型升级的核心都是要契合公司的战略转型，从根本上解决公司的效率、细节和速度问题。"效率决定效益，细节决定成败，速度决定生死"其实也是通威多年来反复强调的企业价值观。毫无疑问，这一价值对通威 IT 部门提出了极高要求。要想提高效率，做到管理的精细化，提升 IT 部门对业务变化的响应速度，就要**让 IT 回归商业本质，建立**

一套能实现敏捷、实时、智能、场景化数据应用的数据赋能体系。

　　长期以来，通威的信息化一直走在行业管理创新前沿，以卓越运营为目标，依托信息化技术实现全国及海外地区 300 余家分、子公司的全业务覆盖，并以数据为驱动，构建业务从感知、决策、执行到优化的管理闭环，由此形成持续高效运营的管理模式。通威的业务比较多，涉及农牧、养殖、食品、新能源等领域，其 **IT 系统建设实现了所有业务的全面覆盖，通过底层数据管理，实现了流程和业务管控的有效集成。**

　　（1）数字化

　　通威 IT 系统基本覆盖了所有的业务和数据，如企业资源的信息数据（客户、产品、员工等静态数据）、企业资源活动的记录数据（销售订单、考勤记录等动态数据）、企业经营活动所接触外部资源的记录数据（供应商原料、客户产品等静态数据）、企业观测到的相关资源活动的记录数据（供应商交易数据、经销商销售数据等动态数据）、企业主动采集或者采购的外部数据（竞品、行业协会数据等静态和动态数据）、外部开放数据和公共数据资源（政府部门、上市公司等静态和动态数据）等，如图 12-1 所示。这些业务数字化及数据整合能力，让通威股份在很早之前就取消了所有的纸质报告，实现了所有管理流程和内部沟通交流的数字化。通过业务数字化的建设，基本实现了对生产要素数据的采集及整合工作。

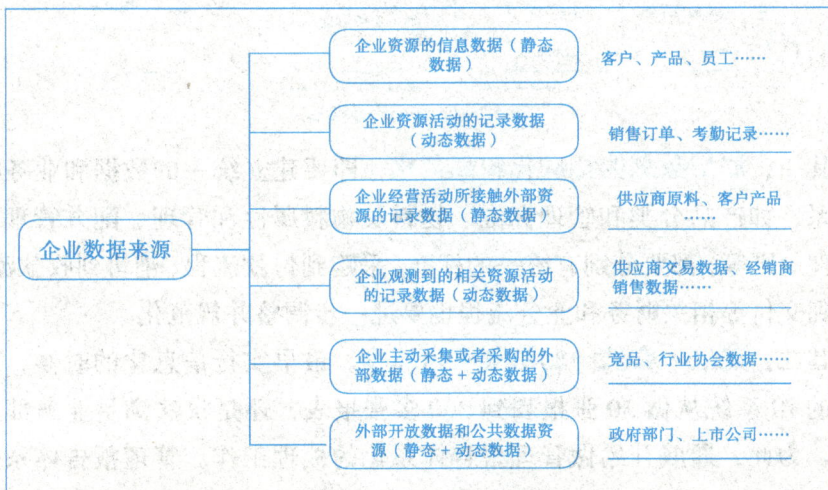

图 12-1　数据的数字化

第一，**所有管理流程全部实现了数字化**，管理团队很长时间没有手动签字了，这个成果主要是靠管理者的强力推动得到的。**第二，管理报告全部数字化**，管理团队不用看手工报表，都是在系统内查看自己的报表。管理层是否在用这套系统，也是衡量企业数字化应用效果的重要指标。**第三，企业内部沟通交流都是数字化的**。通威在国内外有很多工厂，同事之间的视频会议、语音、文字信息交流都是通过系统进行，当然也是免费的。**通过信息技术，大幅提升了数据加工处理的效率。每个月的结算报告，在每月 1 日早上 8 点前完成结账，并在完成股份月结快报后提交。300 多家分公司的合并报表出具时间为每月 3 号。**

（2）标准化

对通威而言，数据的标准化主要包含两个层面，如图 12-2 所示。

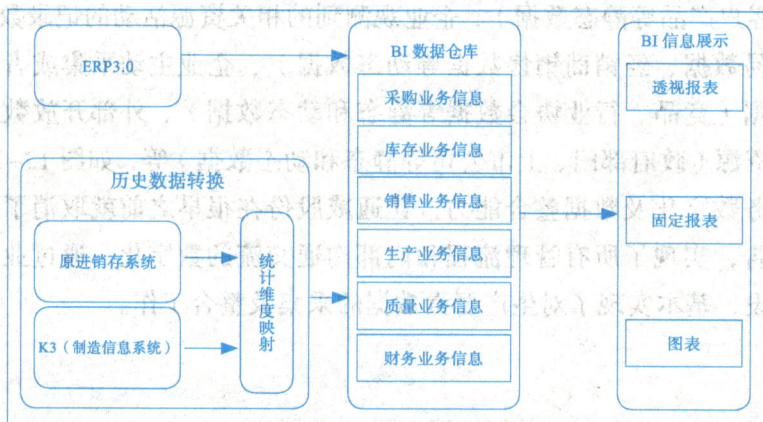

图 12-2　数据的标准化

其一，**底层数据的标准化和规范化**，即要建立统一的数据和业务标准化体系，如产品分类和管理标准、物料及物料属性和管理、配方管理、折扣管理规则等，都要分别有统一的标准，采购到付款流程、销售到收款流程、制造到交付等相关财务和业务流程也要进一步调整并规范化。

其二，**建立一套统一的管理报告体系**。最早实行信息化的时候，通威应用的 BI 系统从做 30 张报表到 200 多张报表，还是没法满足业务部门的需求。为此，通威开始做管理报告体系化的梳理工作。管理报告体系化就是标准化，自上而下，从同样的视角、维度来看实际业务运行状况，这样的管理方式的改变，花费了比较长的时间。

　　通过建立统一管理报告体系，来解决管理标准的问题。在实际运营过程中，由于职能定位以及企业管理水平的差异，企业不同层级所关注的指标往往是不一致的，管理层和业务部门评价企业业务和运营往往通过不同的维度。比如总部生产部可能关注某些指标，而分公司可能关注另外的指标，分公司下面的公司关注点又不一样。在这种情况下，必须围绕业务价值重新构建指标体系，将各体系关键专业指标按管理视角归纳汇总形成面向经营管理者的经营结果、运营能力及专项分析指标。将业务角度的一些专业指标，如销量增长率、考核利润增长率，转化为管理维度的经营结果指标。将采购部门的对标价差、生产部门的产能利用率等转化为管理维度的运营能力指标。此外，还有一些重点项目或重点工作指标，如某年特别关注生产成本改善这一指标，其会被特别纳入体系中进行专项分析。从业务线来讲，通威在几年前做的管理驾驶舱，调整了经营指标管理体系，关注收入、利润、成本、增长率。这些数据每天早上 7 点半前都会被自动推送给管理者。2017 年构建的元年 C1 预算管理系统，使每一位高管都可以查到自己预算的完成率，包括业绩完成率。

　　此外，在数据的解读方式上，所有的数字指标都不是单一的绝对数，而是动态的、多元的，这样更方便管理层进行决策。例如，经营结果指标包含增长率、完成率、变动趋势等，运营能力指标强调对比和对标，关注改善趋势等。专项工作同样突出强调进展、改善趋势，而且会根据具体的标准，使用不同的色调对相关指标进行预警，以引起管理者的关注。

　　在信息化 3.0 阶段，通威通过 BI 及数据仓库，使数据治理流程得到了较大程度的完善。

（3）服务化

　　数据的数字化、标准化解决了最基础的业务数据和简要报表问题，但每个公司都是一个独立系统，对业务标准、准确性和执行力的要求都不一样。大量的数据只有与经营管理业务有效结合，才能真正发挥数据价值，因此将数据的应用与业务场景进行整合、与应用角色结合，是数据应用的核心方向。底层数据都是自动化生成数据，生产部门的数据都是通过自动化系统采集的，公司高管、业务负责人需要根据不同场景化的要求组合不同的数据和报表，如图 12-3 所示。

通威**将数据融入企业具体的业务经营场景中，基于丰富的数据模型开展场景化应用，如产销协同分析、投资分析、销售分析、采购分析等。**

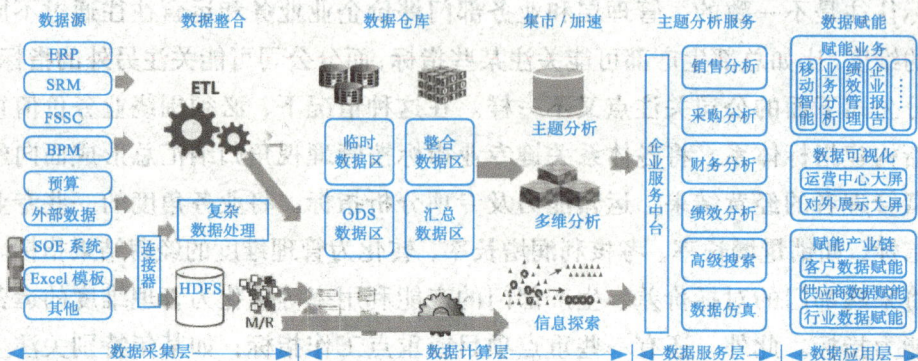

图 12-3   数据的服务化

如在"根据行情预测市场行为"的场景中，市场销售部门能根据系统所提供的主要原料行情成本的涨跌预测与原料库存量的分析，及时采取对应的市场策略。如在原料行情成本上涨、原料库存量大时，市场销售部门即可通过上调产品价格保持合理利润，也可以利用比竞品更大的价格优势拓展市场，让利用户，提升销量。

为了提高对数据的应用水平，通威股份基于业务场景和角色，还强化了部分角色的数据化应用，如图 12-4 所示。例如，对营销人员而言，他们不仅可以实时了解企业具体某项产品的销售进度，还可以了解自身销售指标的完成率和增长率、自己在企业内部的绩效排名等。

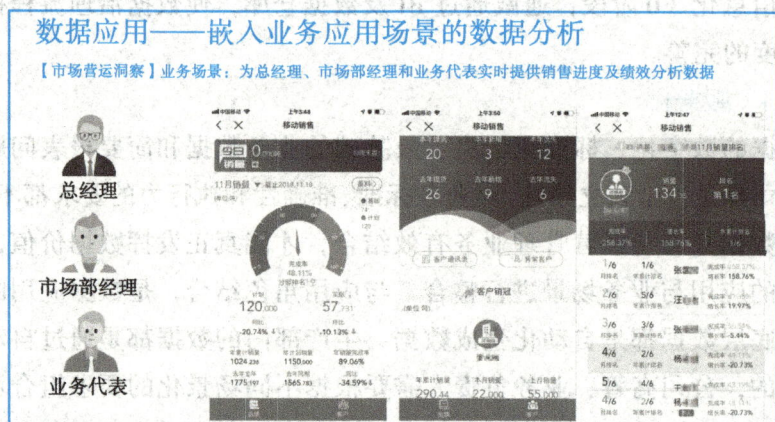

图 12-4   嵌入业务应用场景的数据分析

此外，除了上述标准化、场景化的业务形态外，企业在经营过程中，往往还会面临一些离散型数据的应用场景，需要系统提供某个离散型信息辅助决策。例如，在传统模式下，要了解哪类产品今年销量最高、哪位业务员今年业绩最好等情况时，往往需要查询大量报告或报表。而借助新的智能化系统，当员工想要获取这类信息时，可以利用语音或者文字交互，采用类搜索引擎的方式向系统提问，系统理解问题并在后台数据库中搜索数据，随后以适当的形式呈现给用户。

12.1.3　基于数智中台提升业务运营能力

"打造效率领先、持续增值且不可替代的产业链，并实现公司和客户共赢发展"是通威永恒的目标。在此目标下，通威基于"管理 + 数据 + 平台"，能构建好面向未来的智能数字化运营体系能力，也能驱动通威业务价值链各环节的高效协同，并助力经营高效决策、促进管理持续优化、牵引业务快速创新、实现公司智能化卓越运营，从而打造行业不可替代的持续竞争力。

基于数据平台提供的高质量、规范化、标准化、可管控的数据服务，引入先进的数据分析与应用理念，结合通威现有业务场景，以数智运营总体思想为引导，能够展开数据应用的规划、设计与研发工作。以数据标准化、资产化、价值化、服务化为牵引，并基于统一的方法与工具构建支持对数据进行快速移动，再结合实时加工、存储、计算、处理、探索和运用的新一代融合大数据平台，能够对数据进行全生命周期管控、为业务运营智能化提供底层能力支撑。

通威数智化运营的核心在于夯实数据基座，打造三大数字能力，形成以数据驱动为基础的新型数字化运营管理模式。

第一，风险管控能力。通过结合公司战略目标、建立业务监控模型、实时监测经营指标，能够实现公司从战略到行动、从流程到执行的泛风险识别和管理的能力升级，形成事前预判、事中监控、事后跟踪的风险管控闭环流程。打造风险管控能力包括对风险模型定义的理解，也包括对动态监控、洞察分析、跟踪反馈及知识库沉淀的能力要求，这能够助力业务流程优化变革，提升业务运作效率。

第二，数据驱动能力。通过建立面向不同业务域、不同管理域的数据分析，探查应用，提供实时洞察、归因分析、决策建议、业务预测诊断等数字化服务能力，形成"数据—洞察—决策—行动—跟踪—报告"的数字运营闭环管理。

第三，自动运营能力。在通威"标准运营"的基础上，构建面向业务自动化运营通用基础能力。并结合业务运营规则来赋能各业务系，实现业务自动化运营、持续推进业务运营质量提升，从而降低运营成本。

2020年通威重提"质量方针"，通威采购业务域率先以数字运营思想实现运营管理数字化，形成以"目标—监控—预警—执行—反馈"为流程的、线上线下高度贯通的数字化闭环管理，在经营质量与业务执行之间形成紧密联动，保证运营的标准化以及经营目标的有效达成。采购数智运营，如图12-5所示。

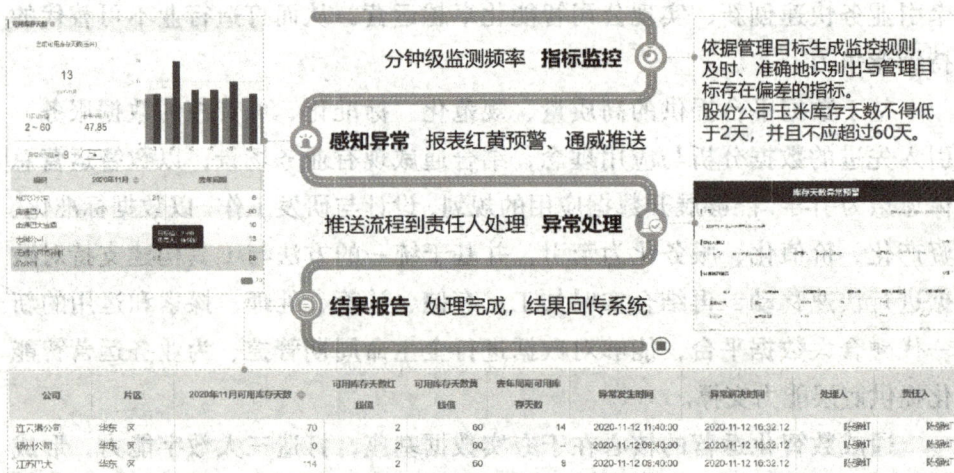

图 12-5 采购数智运营

通威的价值观是强调"每天进步1%"，在产品质量、成本控制、运营模式上坚持不断改进，也坚持不断进步，因为日积月累就会从量变到质变！数字化转型工作，聚焦于公司打造核心竞争能力，能够实现"实时在线、数据驱动、智能运营"的新型数字化管理模式。

12.2　卓越集团：数据驱动运营、实现动态可视化管控

近年来，在房地产行业调控不断、行业竞争压力加剧的大背景下，素有"深圳 CBD 之王"美誉之称的卓越集团（下文简称"卓越"）却始终保持高速增长。

2012 年，卓越首度实现销售额破百亿元的业绩，成功迈入"百亿俱乐部"。2020 年，卓越实现克尔瑞全口径销售额 994.1 亿元，总资产超过 2 600 亿元，其中资产管理规模超过 1 000 亿元。仅仅用时 8 年，卓越的销售额增长高达 9 倍。

所以，是什么支撑了卓越的飞速发展？

12.2.1　与规模化发展同步的 IT 系统重构

卓越于 1996 年在深圳成立，目前业务覆盖全国 40 余个核心一二线城市，涉及房地产开发、城市更新、资产管理、金融投资四大核心板块，业务包括住宅开发、商业开发、城市更新、商办管理、商业管理、酒店管理、物业管理、产城融合、金融投资，实现了从区域到全国化的战略布局，形成了商务地产与住宅项目并举的丰富产品组合。截至 2020 年，卓越已连续 16 年入选"中国蓝筹地产企业"，荣膺中国房地产城市更新十强企业 TOP2，中国房地产商业地产综合实力 TOP7。

回顾卓越的发展历史，我们很容易发现一个事实：在 2012 年前，卓越的信息化建设一直处于各个专业自主建设的初级阶段。自 2012 年卓越跻身"百亿俱乐部"后，其 IT 系统建设也正式进入统一规划分步实施的有序发展阶段。通过对 IT 系统的重新规划，卓越逐步进行组合、重构、优化原有 IT 平台的建设，构建并升级经营计划与分析系统，不断提升数据预测、数据分析、数据决策能力，实现数据驱动经营，为业务赋能。卓越销售规模实现从百亿到千亿的裂变之路，同时也是其信息化系统持续升级与重构之

路。不断迭代的 IT 系统平台对卓越大运营系统的高效运转提供了有力支撑。

2012 年和 2013 年，IT 系统升级重构的关键词是夯实基础、加强内控。在这个阶段，卓越以客户为中心组织应用，通过"EIP（Enterprise Information Portal，企业信息门户）+BPM（Business Process Management，业务流程管理）"集成后端离散的内部应用系统，打造统一的 IT 入口，实现分布式系统的集中式应用；同时，通过 IT 固化各条业务线上的集团的管控规则，并完成以财务系统为核心的数据集成。

2014 年和 2015 年，IT 系统升级重构的关键词是优减提效、决策支持。卓越通过优化、完善各业务系统应用，减少流程和业务冗余，发挥 IT 系统效能，提升管理和运营效率；整合各条业务线的 IT 系统数据，打造以经营计划与分析 1.0 平台为核心的经营数据平台，为经营决策提供完整、准确、及时的数据支持。

2016 年和 2017 年，IT 系统升级重构的关键词是数据治理、业务支撑。卓越规范和提升前端业务系统录入的及时性和完整性，发挥 IT 系统对经营分析和决策支持的效能；依托开发板块的经营计划和经营分析平台，拓展、建设商业管理、资产管理、物业板块平台。

2018 年和 2019 年，IT 系统升级重构的关键词是数字运营、动态可视。数据驱动运营，打造经营计划与分析 2.0 版，实现动态可视化管控，助力经营决策；依据中台架构组合、重构、优化现有 IT 平台，进一步发挥 IT 系统效能，为业务赋能。

12.2.2　信息化蓝图勾勒卓越 IT 系统新架构

卓越的 IT 系统基于信息化蓝图进行构建。在其信息化蓝图中，信息化建设的核心思想主要有三点：一是基础平台可以共享；二是管理逻辑可以复用；三是数据在线可视化，如图 12-6 所示。

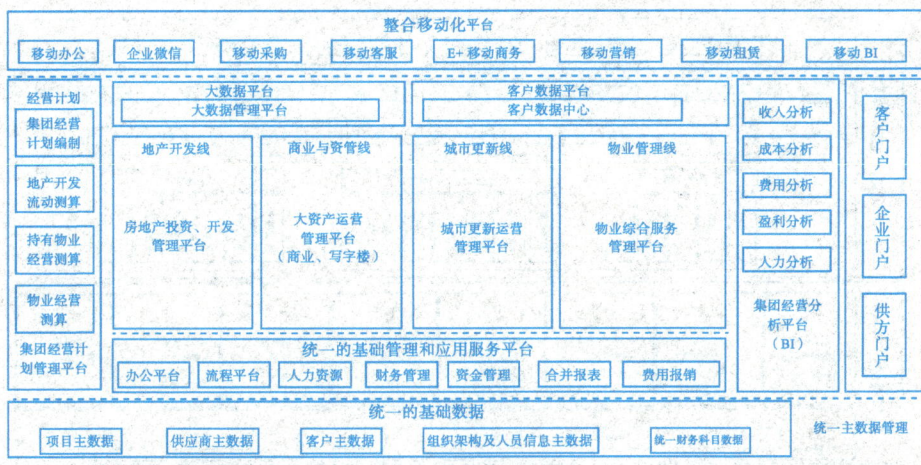

图 12-6　卓越集团信息化蓝图

可以看到，卓越的信息化蓝图带有浓厚的中台特色。底层是统一的基础数据和统一的基础管理和应用服务平台，各类基础数据包括项目主数据、供应商主数据、客户主数据、组织架构及人员信息主数据、统一财务科目数据等均汇集到这一层中。统一的基础管理和应用服务平台包括办公平台、流程平台、人力资源、财务管理、资金管理、合并报表和费用报销，所有数据全部实现共享。上一层是大数据平台和客户数据平台，依据不同的业务板块，由不同的 IT 系统进行支撑，如地产开发线、商业与资管线、城市更新线和物业管理线系统。这一层还设有经营计划和集团经营分析平台，可以实时地开展数据预测、数据分析等工作，助力企业做业务和管理决策。顶层则是整合移动化平台，提供了各类移动端应用的入口。

在卓越看来，**经营计划和分析系统是其信息化蓝图中的核心部分**。为实现集团大运营体系的高效运营，卓越应以经营为视角，以经营计划为核心，以数字化的管理模式打通数据流、信息流、业务流，实现全链条的数据整合，建立一套科学的、数字化的企业经营管理体系，并据此构建房地产开发业务的管理闭环，如图 12-7 所示。

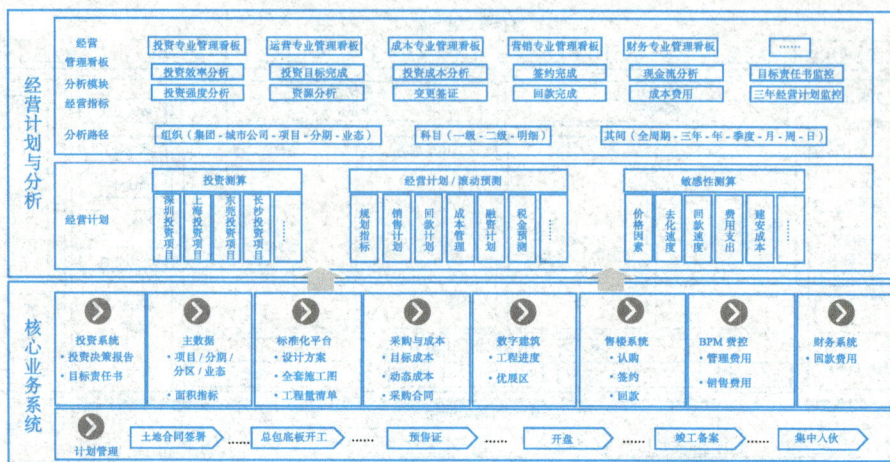

图 12-7　以经营计划为核心，构建房地产开发业务的管理闭环

12.2.3　构建"计划 + 分析"双平台，实现管理闭环

2015 年，卓越首次启动经营计划与分析平台的构建之时，其内部已经有一套被称为"并联双控"的经营计划体系。实质就是经营计划和滚动预测的线下 Excel 版。并联双控即年初制定目标，每个月取得"实际数"以后再据此详查和更新"预测数"，并跟年初的经营计划不断进行预实对比。相当于项目全周期经营计划模型，从三年经营计划到年度目标，再到每个月或者每个季度滚动预测。

但是，一方面，这个体系由手工完成，工作量大、效率低、更新速度迟缓，第一季度数据往往要到 4 月底才能看到，数据无法预计，也无法回溯，完全无法满足管理的需要。另一方面，该系统中数据由业务部门上报，数据的真实性、严谨性均无法保证，这使得财务人员据此所做的经营分析的价值大打折扣。

为实现高质量的运营预测及分析，卓越联手北京元年科技股份有限公司（下文简称"元年"）启动了经营计划与分析平台的建设，试图通过打造两大平台——数据基础层的经营计划平台以及数据应用层的经营分析平台，实现卓越经营管理的闭环，如图 12-8 所示。

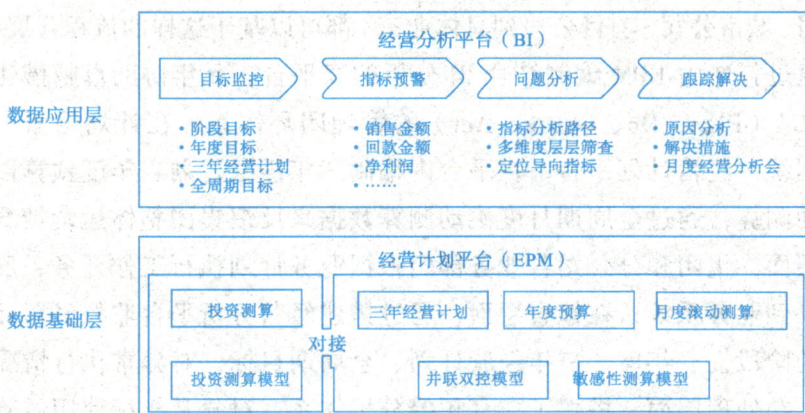

图 12-8　经营计划平台和经营分析平台

　　数据基础层是经营计划平台，使用对象是企业一线员工，包括投资测算、三年经营计划、年度预算、月度滚动测算这四大模块和投资拿地阶段的投资测算模型、拿地后开发运营的并联双控模型和敏感性测算模型这三大模型。在投资测算和并联双控这两个模型之间，卓越重新梳理了测算方案、测算颗粒度，打通了两者之间的壁垒，实现了投资决策到项目运营阶段的动态滚动跟踪。同时，敏感性测算模型用于快速调整在建、在售项目预测敏感性因子，指导项目日常运营和纠偏。

　　项目全周期预算是经营计划平台的核心。项目全周期预算本身是滚动的，其通过按月更新项目全周期、年度、季度经营分析数据，对短中长期目标进行监控，对异常指标进行预警，分析原因，跟踪解决，并支持月度经营分析会。月度滚动测算是项目全周期预算在滚动周期内的数据；年度预算是项目全周期预算在预算年度的销售、成本、融资、费用、税金和管理报表；三年经营计划则是在项目全周期预算的基础上切片由当前年起的后三年的数据。

　　数据应用层是经营分析平台，供管理层和决策层使用。在这个平台上，卓越构建了一整套目标监控、指标预警、问题分析和跟踪解决的预警分析体系，对阶段目标、年度目标、三年经营计划和全周期目标动态监控，对异常指标进行红黄灯预警。每个监控指标都调整了它的分析路径，可以多维度地层层下钻，定位产生问题的最小因子，最终确认责任部门，将其记录在问题跟踪表中，由跟进人分析原因、提出解决措施并跟踪处理结果。

从集团、城市公司、项目公司到具体业态，都可以基于这样的流程开展分析。

　　通过打造由 EPM 编制结合 BI 分析的双平台，元年协助卓越搭建了一个 PDCA（Plan、Do、Check、Act）的管理闭环体系：在计划层面，建立了集团统一经营计划平台，在平台内编制三年经营计划、年度预算以及月度滚动测算，通过全周期月度滚动测算数据来反馈集团整体运营情况；在执行层面，集团和分公司各业务部门根据业务计划执行工作任务，反馈执行结果到业务系统；在检查层面，通过搭建经营分析平台监控经营计划平台中的阶段性、年度、三年经营计划、全周期目标，对异常执行情况进行预警；在处理层面，搭建了一套预警分析体系，对异常指标使用经营分析平台多维度层层下钻，找到问题根源，定位责任部门，要求其提出解决措施，通过问题跟踪表跟踪处理结果。

　　双平台建设完成后，第一，卓越线上 90% 的数据由运营部门组织自动接入经营计划平台，最大限度地减少了人为干预导致的数据出错，提升了数据的准确性。第二，主数据接入平台后即可编制销售计划，极大地节省了时间、提升了效率。第三，实现了数据可追溯，前端可搭建分析平台，从而辅助经营决策，实现整个体系顺畅运行。每个月第一天，卓越就可以获得滚动预测的初始数据；每个月、每个季度第一周，卓越各分公司负责人都会直接用系统来进行工作汇报。

12.2.4　瞄准新战略，启动双平台升级

　　自 2016 年构建完成后，经营计划与分析平台的构建和应用有力地推动了卓越管理效率的有效提升和业绩的持续增长。然而，随着经营规模的持续扩大，卓越更需要实现有质量的增长，这就需要更关注围绕经营效率和价值实现构建的指标对标和牵引，既要有规模，也要有利润。

　　基于这一背景，卓越联手元年和赛普对原有的经营计划与分析体系进行迭代升级。一是构建和完善战略目标分解体系；二是补充和完善经营计划平台的数据，打通投前—投中—投后管理；三是围绕货值、现金流，对经营指标分析体系进行进一步完善和优化。

　　相比之前的体系，升级后的经营计划和分析平台新增八大核心内容，

分别为**战略测算**、**投前投后的数据打通**、**合作项目数据**、**卓越效率应用**、**货值模型**、**现金流模型**、**经营指标重构设计**和 BI 个性化门户。

在经营计划平台的升级中，对经营指标的重构设计花费了卓越大量的时间。经营指标是经营分析的基础，围绕规模、资金、效率这三个维度，卓越实现了动态可视化管控，并力争在"规模至上"和"卓越经营"之间取得有效的平衡。

从规模上来说，卓越希望实现有质量的增长，因此在系统指标中以利润为牵引，以实现给股东更高回报。从资金上来说，卓越希望实现安全增长，因此在系统中既要以资金趋势设定投资红线，又要实现以投资红线动态调整投资计划排布。从效率上来说，卓越的开工、开盘、促去化、保签约，缩短资金回收期，提升资金利用率，这些目标都需要在计划指标体系中反映出来。

在不触及资金安全底线的前提下，卓越以"高质量的高增长"为主题，基于两条核心主线——资源线和资金线，构建了涵盖 14 个指标管理模块、185 个经营分析指标的经营指标体系，如图 12-9 所示。

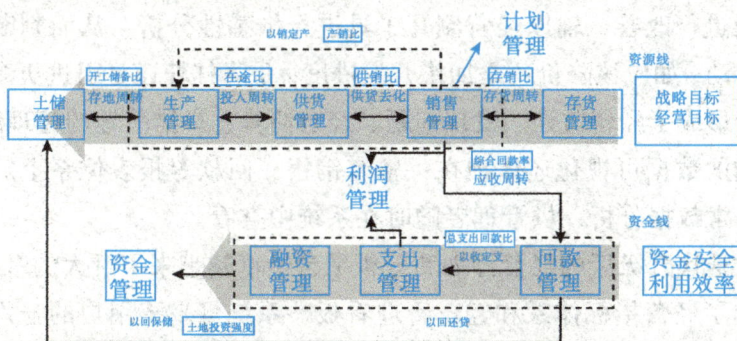

图 12-9　以资源线和资金线为主线构建经营指标体系

基于升级后的经营计划和分析平台，卓越通过项目全周期管理系统、投资测算系统、经营计划管理系统、经营分析系统，实现了包括项目初筛—投资拿地—开发运营—实现交付的全生命周期管理，搭建了"投—产—供—销—存—融—回—支"的全周期价值链条，将各业务工作通过指标关联起来，实现业务联动和协同。

让数据可视化，是卓越升级经营分析体系的主要目标。卓越经营情况的可视化，首先体现在为各级管理层和关键业务人员量身定制的经营管理看板上。

经营管理看板涵盖了 14 个管理看板、14 个一级分析模块、47 个二级分析模块、185 个经营分析指标，指标数据来源于集团各业务和管理系统，用于辅助经营监控及经营决策。具体来看，经营管理看板从"投—产—供—销—存—融—回—支"等多个维度直观展示了企业经营过程中的问题，促进集团信息传导变得扁平、高效，助力经营监控及经营决策，数据按天甚至按小时反馈，自动预警经营风险。

由于数据经层层聚合而生成、展现，各级分子公司、业务人员、财务人员都使用同一套业务语言，形成同一套管理数据，保证了数据口径的一致性。基于经营指标数据聚合而成的分析模块，可根据需要直接"推"到看板上，实现了指标动态及时更新，达到了动态可视化管控的要求和效果。用户可从 PC 端和移动端，随时看到关键的经营达成、业绩完成等数据，包括投资和项目对标的数据。

例如，系统可通过生成 BPM（Business Process Management，业务流程管理）流程达到相应负责人的要求，解释异常原因并提供解决措施，采用管理手段进行改善，辅以经营测算工具进行敏感性分析，从而判断接下来的经营行动，如应该降价还是加快开发进度，是降杠杆还是引进更多融资。这相当于形成了经营监控、发现问题、经营测算、举措落地的管理闭环。

卓越的数据可视化还体现在一整套销售、回款等报表体系上。这些报表用于日常数据分析，供管理者随时在系统中查看。

经过迭代升级后的经营计划和分析平台给卓越带来了巨大的管理价值。一是构建了经营指标体系和经营管理看板，系统可基于用户的身份进行定制化的数据展现；二是实现了合作项目的数据管理，卓越将合作项目全部纳入经营滚动预测体系，用卓越的数据颗粒度进行管理；三是完成了核心指标的对标，包含合作开发项目在内的 120 多个项目的核心指标，都以卓越的效率作为对标依据；四是实现了数据稽核与治理。卓越成立专项小组，由总裁挂帅，会同运营、财务、营销等各部门负责人，走遍 13 家城市公司进行宣贯和培训，有效地推动了数据治理工作。

数字化时代已经到来，卓越早已身在其中。受益于持续的管理提升和业绩增长，数据化运营在卓越已经深入人心。

12.3　南钢集团：让财务共享成为数字化转型的"一号工程"

南京钢铁集团（下文简称"南钢"）的产业转型堪称行业经典，其转型目标非常清晰，意志异常坚定！

身处承受"去产能、低排放"压力的钢铁行业，南钢并不热衷于搞兼并重组，走规模化经营的道路。在砥砺建设国际知名中厚板精品基地、国内一流特钢精品基地、国内领先钢铁复合材料基地的同时，南钢着力拓展新材料、绿色环保、智能制造、"互联网+"等新产业版图，打造钢铁业和新产业"双主业"发展新格局，立志成长为钢铁行业转型发展的引领者。

身处传统大型钢铁制造业，南钢却率先采用"JIT（Just In Time，准时制）+C2M（Customer-to-manufacturer，用户直连制造）"的智能制造方式，用为客户量身定制的方式提高产品竞争力和服务灵活性，赢得更多客户信赖。

身为 18 家重点钢企之一的 1958 年成立的老牌国企，南钢早已开启混合所有制改革，以创建"国际一流受尊重的企业智慧生命体"为企业愿景，打造了全球化科技驱动型中国企业的时代形象！

从整体上市的 2010 年提出"双主业"发展战略，到 2016 年组建新产业投资集团之后，南钢以数字新经济为主线，围绕"一切业务数字化，一切数字业务化"的目标，以数字化快速定制研发系统、全流程智慧质量预测系统、高级计划排程系统、成本效益预测系统、电子商务系统为五大支撑，引领自身进入数字化智能运营时代。

企业战略的持续推进，使子公司层级和数量不断增多、业务类型不断增加。与之对应的财务管理幅度变大、链条变长，原有的财务管理架构和体系已经无法满足企业"双主业"发展需求。借助信息技术，围绕"智慧财务"的目标，持续推动财务管理的高效化与智能化成为财务转型新课题。

"财务共享是南钢数字化转型的一号工程！"南钢董事长黄一新的表态非常清晰地表明了财务共享项目的重要地位。财务共享不仅是财务转型的起点，也是南钢整体数字化转型的关键点，其统揽大局的意义不言而喻！

12.3.1　以财务共享建设作为财务转型突破口

让所有工作都以财务数字来体现，是南钢高层对业务团队的基本要求，也是"一切业务数据化，一切数据业务化"的具体体现。在财务领域经常提到的"业财税一体化"在南钢有着天然的土壤。现代企业财务管理包含绩效考核、会计核算、会计监督、财务关系、监控资产、信用管理、决策支持七大职能。南钢高层基于企业战略转型的需求，提出了战略财务的总体要求，南钢在业务财务方面需要更加贴合企业战略转型而做出财务管理转型。

2018年，南钢高层认为，建立以财务共享服务中心为突破口的财务转型已经迫在眉睫。针对"构建富有张力的智慧化财务管理体系，助力企业战略落地"的总体目标，通过研究福特、通用电气、摩托罗拉等全球领先企业和海尔、中兴、苏宁、中石化等国内领先企业，以及宝钢、山西焦煤、山东临沂矿业等业内企业的做法，南钢决定将建立财务共享服务中心作为其财务转型的突破口，并从建立管控服务型的财务共享服务中心、财务集控中心的定位出发，开展财务共享服务中心建设。

从2015年到2018年，南钢从以钢铁产业为主，业态相对单一的状况，发展到快速构建了"1+6"产业生态圈，涉及"钢铁+新材料"、绿色环保、新能源、智能制造、现代物流、航天航空六大新产业。子公司层级从原来的四级增加到七级，子公司数量（不含本部子公司）从42家增加到106家。原有的财务管理架构和体系已经无法满足企业"双主业"发展需求，财务转型是企业战略转型的必然要求。

财务转型还是南钢整体数字化转型的必然要求。南钢高层对数字化给企业经营带来的重大影响理解非常深刻，行动非常迅速。财务转型还是南钢整体数字化转型的必然要求。南钢以数字新经济为主线，逐步建立起研发管理、质量管理、成本管理等经营管理各个环节的数字化系统。智能制造和智慧工厂建设对"智慧财务"提出新的要求，也在持续推动财务管理走向高效与智能。

财务转型也是财务管理体系自身优化升级的需求。南钢对内部财务管理的判断非常明确：总部专业条线更专注于钢铁行业上下游单一业态，对于多元业态财务管理的专业性和穿透性不够；子公司数量众多、层级复杂、财务组织较分散，影响集团化财务管控整体效率；财务人员大多精力仍投入会计核算等基础职能中，无法满足决策支持、战略支撑等现代企业财务管理的新要求。新设子公司财务系统参差不齐，且缺乏统一部署，系统之间交互和集成度不够，无法实现数据实时联动共享。

南钢把财务共享服务中心建设定位为管控和服务兼容，借此建立财务专业服务中心、财务规范监控中心、财务人才培养中心、财务专业知识输出中心、财务智慧中台运营中心、财务数据价值创造中心。

首先是流程再造。管理要标准化，包括统一核算规则、统一业务流程、统一审核规则。在投资新产业或兼并重组的时候输出南钢标准，建立统一的数据标准和接口，保障数据口经一致，为数据共享夯实基础。同时做到内控流程化，比如 SOP（Standard Operation Procedure，标准作业程序）流程，实现关键控制流程化，提高集团财务规范化管理水平，加强财务风险管控。

其次是组织变革。要使人员集中化，需建立标准化、平台化的共享财务团队，实现业务集中处理；还要使职能专业化，把基础财务职能进一步专业化分工，打造会计工厂，提高财务处理效率。

再次是建立财务共享系统。把控制措施系统化，减少人为干预和主观判断，实时监控各子公司经济业务；还要使工作处理高效化，支持领导和员工利用碎片化时间，在任何地点进行审批和报账。精简冗余流程，提高工作效率，快速响应业务需求。

最后是促进管理提升。提供管理数据支撑，即汇总全集团业务、财务信息，提取数据生成财务管理报表，提供给业务领导进行分析决策和业务监督。推动业财融合，就是以财务共享中台为衔接点，实现业财在数据与管理方面的融合，实现财务全流程管控运营和多维数据采集。

总之，财务共享服务中心建设致力于加强管控能力、提高管理效能、助力"双主业"发展战略落地。

12.3.2　以流程梳理找出数字化转型的痛点需求

在前期准备过程中，南钢对苏宁易购、鲁商集团、宝钢集团、鞍钢集团、山西焦煤、山东临沂矿业等企业进行了调研。在总结其他企业的成功经验和走过的弯路后，南钢进一步厘清了自身建设财务共享服务中心的思路和理念。

　　南钢经过较长时间的交流沟通、业务调研、案例考察、系统介绍，并经过模拟场景演示对供应商的咨询经验和落地能力有了充分了解，同时充分考虑了共享系统的先进性、拓展性、灵活性。经过多方比较、竞标，最后南钢选择了元年作为其财务共享服务中心建设的合作伙伴。随后，南钢和元年很快组建了阵容强大的项目小组，制定了详细的实施计划。

　　项目小组对内进行了30场调研活动，包括对董事长、总裁的高端访谈，了解高管团队的战略构想和具体要求，还在集团本部调研了会计科、销售科、资金科、资本科、税务科、成本费用科等部门。在新产业体系调研了包括矿业、垃圾处理、贸易、生产、投资、物流运输、工程项目、招标服务、水处理、软件信息、通信设备、进出口等子公司共43家企业，调研规模按收入统计占比（除海外）89%。调研业务涉及预算、销售、采购、费用、应收、应付、资金、资产、总账、税务、票据、档案等，还包括信息系统应用情况及规划，最后形成的系统性调研分析报告详细记录了用户对共享系统建设的需求和期望。

　　项目报告整理了10个一级流程、76个二级流程、264个三级流程。一级流程框架以集团管控和高效服务为目标，以财务共享为手段，对端到端业务至财务流程进行梳理和改造。一期项目主要集中在费用报销到付款流程、部分基础税务管理流程、基础资金集中收付管理流程以及实物档案和影像管理流程，如图12-10所示。

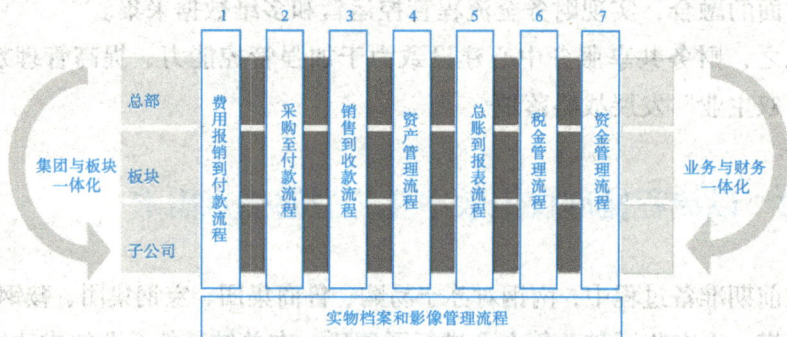

图12-10　财务共享一级流程框架

总部、板块和子公司三级管理一体化，促进企业业务与财务管理的一体化。南钢管理体系中的一级流程包括费用报销到付款流程、采购至付款流程、销售到收款流程、资产管理流程、总账到报表流程、税金管理流程、资金管理流程，还有贯穿财务共享服务中心的实物档案和影像管理流程等8 个流程。

如图 12-11 所示，在费用报销业务流程中，南钢整理了 6 个二级流程，28 个三级流程，发现了不少总部和子公司的共性问题，也有子公司的个性问题。总的来说，存在：制度复杂，不统一；报销周期长，用户体验待改善；线下台账等人工管控场景较多等问题。项目小组给出了具体优化方向：统一制度和标准；提高流程效率，改善用户体验（商旅、信用付等）；完善系统流程，加强集中管控等应对措施。

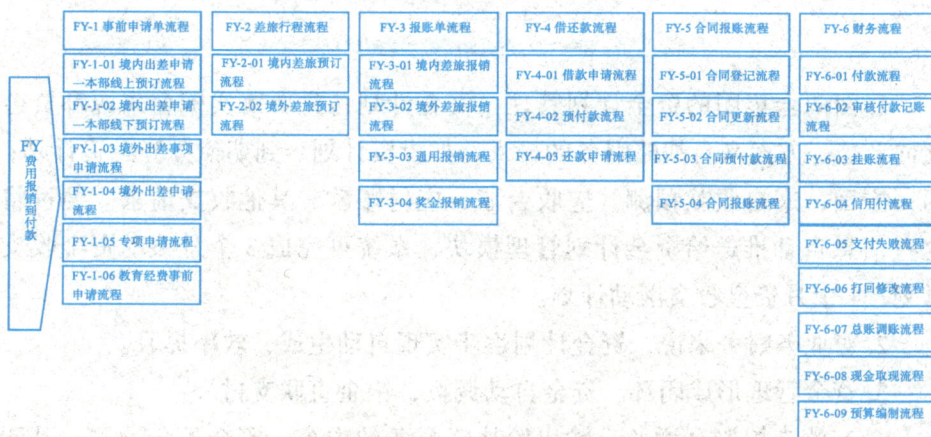

FY 费用报销到付款	FY-1 事前申请单流程	FY-2 差旅行程流程	FY-3 报账单流程	FY-4 借还款流程	FY-5 合同报账流程	FY-6 财务流程
	FY-1-01 境内出差申请一本部线上预订流程	FY-2-01 境内差旅预订流程	FY-3-01 境内差旅报销流程	FY-4-01 借款申请流程	FY-5-01 合同登记流程	FY-6-01 付款流程
	FY-1-02 境内出差申请一本部线下预订流程	FY-2-02 境外差旅预订流程	FY-3-02 境外差旅报销流程	FY-4-02 预付款流程	FY-5-02 合同更新流程	FY-6-02 审核付款记账流程
	FY-1-03 境外出差事项申请流程		FY-3-03 通用报销流程	FY-4-03 还款申请流程	FY-5-03 合同预付款流程	FY-6-03 挂账流程
	FY-1-04 境外出差申请流程		FY-3-04 奖金报销流程		FY-5-04 合同报账流程	FY-6-04 信用付流程
	FY-1-05 专项申请流程					FY-6-05 支付失败流程
	FY-1-06 教育经费事前申请流程					FY-6-06 打回修改流程
						FY-6-07 总账调账流程
						FY-6-08 现金取现流程
						FY-6-09 预算编制流程

图 12-11　费用报销业务流程

在集团化资金管控流程中，南钢发布了《子公司资金管理办法》，建立控股子公司资金计划审批机制；建立好的资金管理系统正在推广应用，并在不断优化；资金管理系统与 10 家银行直联，并推广至子公司；计划清理子公司闲置账户 72 个，已完成 33 个。业务痛点有子公司资金计划的执行缺乏有效的管控、银企直联数量无法满足部分子公司需求、二级子公司尚未实现资金穿透管理、尚未建立统一的票据管理系统。

项目小组提出优化方向：建立包括资金计划、资金收付、资金增益和风险管控的管理机制，如图 12-12 所示。

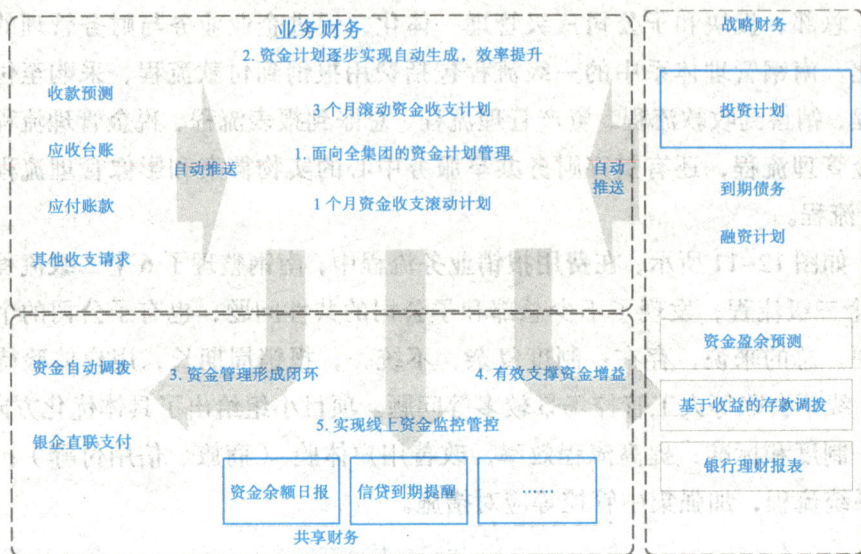

图 12-12　集团化资金管控流程

1. 面向全集团的资金计划管理。资金计划首先要落实资金来源和资金支向。这一方面来自战略财务的输入，如投资计划、到期债务和融资计划；另一方面，来自收款预测、应收台账、应付账款、其他收支请求。通过将这些信息自动推送给资金计划管理模块，系统可完成 3 个月滚动资金收支计划，1 个月资金收支滚动计划。

2. 对业务财务来说，资金计划逐步实现自动生成，效率提升。

3. 资金管理形成闭环。资金自动调拨，银企直联支付。

4. 有效支撑资金增益。输出给战略财务的内容：资金盈余预测、基于收益的存款调、银行理财报表。

5. 实现线上资金监控管控。落实资金余额日报、信贷到期提醒。

1、2 两点属于业务财务，3、4、5 三点属于共享财务。南钢计划在项目一期实现：统一集团资金计划管理框架；增加直联银行数量，扩大银行覆盖度；实现线上资金计划支出管控（一期上线主体）。

如图 12-13 所示，在集团化税务管理流程中，集团本部已经建立统一发票池，为涉税数据的应用提供支撑；建立税金自行计提模块，助力一日关账的效率提升；发布了《税务风险管理制度》。但还存在着诸多痛点：缺乏全集团统一的发票数据库；仍存在失控发票管理风险；涉税业务多依赖手工；缺乏统一的从采购到销售关键点的信息化管控；子公司税收遵从度参差不齐，税务基础核算分散。

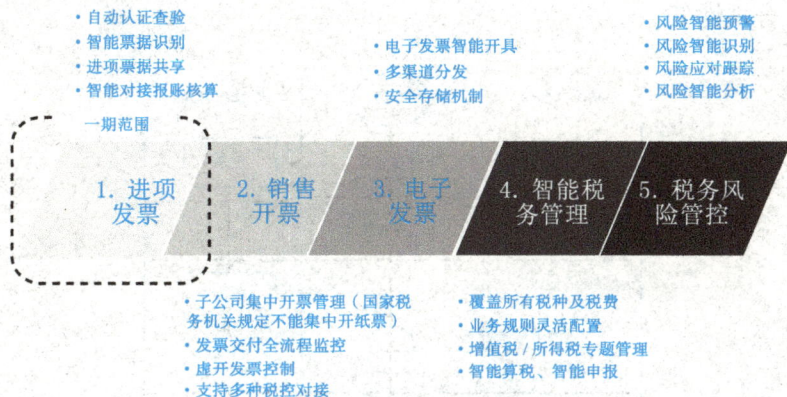

图 12-13　集团化税务管理流程

项目小组给出的优化方向：**统一集团税务平台，建立进项发票、销售开票、申报和风险管控的全面税务管理；支持集团统一税务筹划；帮助子公司识别税务风险并提供解决方案和支持。**

实施步骤分为 5 个。第一步就是第一期要完成进项发票，包括自动认证查验、智能票据识别、进项票据共享、智能对接报账核算等功能；第二步是销售开票，包括子公司集中开票管理（国家税务机关规定不能集中开纸票）、发票交付全流程监控、虚开发票控制、支持多种税控对接等功能；第三步是电子发票，包括电子发票智能开具、多渠道分发、安全存储机制等；第四步是智能税务管理，覆盖所有税种及税费、业务规则灵活配置、增值税 / 所得税专题管理、智能算税和智能申报；第五步是税务风险管控，包括风险智能预警、风险智能识别、风险应对跟踪、风险智能分析等。

如图 12-14 所示，在三流合一（单据流、影像流、信息流）和数字档案管理流程中，要建立电子档案系统；一是增加影像扫描环节，制作影像资料；二是开展结构化数据的 OCR（Optical Character Recognition）识别；三是形成业财融合的数据资产，完成财务数据中台建设。

关于集团管理架构和审批流程再造的设计，集团本部有明确的审批流程规则，一般为 1—3 级；实行预算内简化，预算外强控，流程效率较高，但个别子公司没有清晰的审批流程规则；现有系统的组织架构设置和实际管理组织架构不符，审批流程指定专人负责，调整起来较复杂。审批流程在线下以纸质形式经由人工流转，流程效率低，耗时长；流程加签靠人为判断，合规性低。

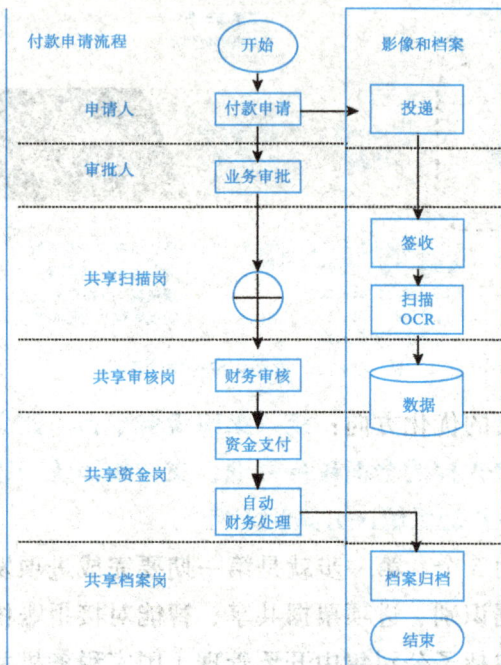

图 12-14　三流合一和数字档案管理流程

项目小组设计的优化方案是，**建立依托组织架构和岗位的审批流机制；统一审批规则，实现预算、标准内简化，预算、标准外强控的管理要求；移动／线上审批，随时随地充分利用碎片化时间，提高流程效率；审批要点通过信息系统自动审核，为业务流程提速。**

12.3.3　以稳健的实施方法让"一号工程"成功落地

如图 12-15 所示，共享服务中心建设牵扯面广、影响大，会遇到很多问题。例如，加强管控和用户习惯之间的冲突，需要通过逐步推进建设来解决。新系统的操作方式和用户使用习惯的差异，需要通过持续培训来解决。在共享集控推进的初期，容易引起用户满意度的下降，后期随着流程标准化，用户满意度逐步回升，需要加强内部宣贯。

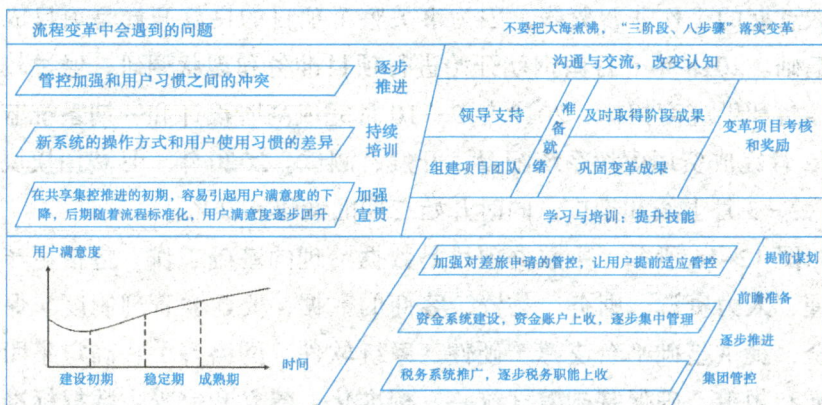

图 12-15　在流程变革中推动共享服务中心建设

实施时切忌急功近利、把大海煮沸，因此，采取"**三阶段、八步骤**"来落实变革方案。

第一阶段有一个步骤，就是沟通与交流，让员工改变认知，接受新的系统理念。第二阶段有六个步骤，包括领导支持、组建项目团队、准备就绪、及时取得阶段成果、巩固变革成果、变革项目考核和奖励。第三阶段只包括最后一个步骤，就是学习与培训：提升技能。

在组织维度上，要先试点，后铺开，逐步推进。在小范围内选取子公司进行试点后总结经验教训，为在更大范围内推进财务共享服务中心建设奠定基础。2020 年 1 月，南钢已在 10 家主体公司开展试点，2020 年 12 月结束初步推广期，覆盖重点子公司和上市公司体系。2021 年 12 月稳定推广期结束时完成国内子公司全覆盖，在 2022 年 6 月拓展提升期结束时把海外子公司纳入。

业务范围的扩展也和组织维度的扩展相应协同展开。选取业务量大、发生频次较高的员工费用报销、资金支付等快速切入。先易后难，获取示范效应。费控模块、资金管理、基础税务管理、共享运营平台在试点期必须构建完成，于 2020 年 1 月上线。在 2020 年 12 月初步推广期结束时，要让应付、应收、资产、总账、税务等交易处理财务业务全部上线，在 2021 年 12 月稳定推广期结束时，把财务数据中台、国际化模块建设、共享应用模块优化纳入。在 2022 年 6 月拓展提升期结束时，把海外业务建设、数据分析和应用做起来。

　　试点期的工作非常紧张，因为事关整个项目的良好开局是项目成功的重要基础。2018年8月南钢就开始进行项目准备和现状调研，经过较长时间的准备和供应商招标，2019年9—10月完成高阶设计和一期系统蓝图，11—12月完成费用模块系统配置、开发、测试。2020年1月费用模块准备上线，2—3月上线和推广，同时开始二期的调研和准备。

　　如图12-16所示，主数据项目是数据治理的基础工作，包括生产、销售管理、人力资源、财务、物资、客商的数据，要建立管理制度，保证信息安全，提供基础平台支撑（硬件、系统软件、网络等）。确定集团主数据标准和规范。确保基础数据统一、标准化，建立和完善主数据标准、规范和制度，实现数据的横向和纵向集成。

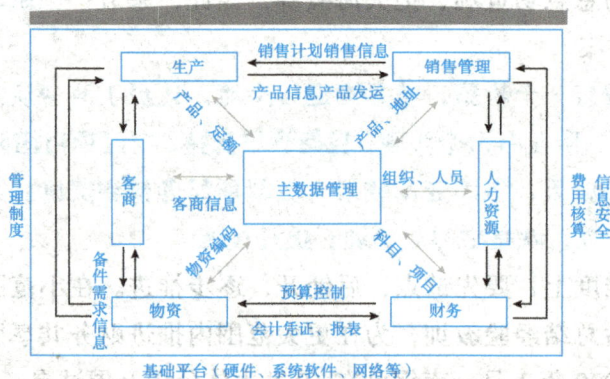

图12-16　主数据标准和规范

　　南钢以"创建国际一流受尊重的企业智慧生命体"为企业愿景，其进行的是跨领域、协同化、网络化、社会化、国际化的系统工程，是顶层设计的一把手工程，是共融共生、共创共享的生态工程，更是改变思维、工作、生活方式的全员工程，能创建自感知、自学习、自决策、自执行、自适应的智慧生命体。

　　南钢着力打造新动能，包括高效低成本制造精品钢的核心生存力、创新驱动品牌领先的行业领导力、高效运营充满活力的管理支撑力、跨界协同整合的转型发展力和战略先行文化引领的长远驱动力。以财务共享服务中心建设为起点的企业整体数字化转型无疑是其管理支撑力的重要内容，更是支撑其转型发展、为其提供长远驱动力的重要力量！

参考文献

[1] 张先治，晏超．基于会计本质的管理会计定位与变革．财务与会计，2015.

[2] 刘勤．改革开放 40 年的中国会计信息化——回顾与展望，2019.

[3] 李彤．管理会计信息化的新思维 [J]．管理会计研究，2018.

[4] 杨世红．如何让预算真正滚动起来 [J]．财务与会计，2018

[5] 冯丽婷，屈涛．A 保险集团：基于互联网技术的智能财务共享之路 [J]．财务与会计，2018

[6] 余红燕．H 集团 BI 系统运营监控平台建设实践 [J]．财务与会计，2016

[7] 黄贞发．新技术推进合并报表体系的管理融合 [J]．管理会计研究，2018.

[8] 黄书瑾．测算：解决战略与预算脱节的利器——以时代中国为例 [J]．管理会计研究，2018.

[9] 周勇，秦长城，余红燕．基于数据中台的企业赋能体系构建——以通威股份为例 [J]．管理会计研究，2019–11–026